数学教育理论
与评价研究

◎ 李小军 著

中国原子能出版社
China Atomic Energy Press

图书在版编目（CIP）数据

　　数学教育理论与评价研究 / 李小军著. -- 北京
:中国原子能出版社，2018.8（2021.9 重印）
　　ISBN　978-7-5022-9333-8

　　Ⅰ．①数… Ⅱ．①李… Ⅲ．①中学数学课－教学
研究 Ⅳ．①G633.602

中国版本图书馆CIP数据核字(2018)第196490号

数学教育理论与评价研究

出版发行	中国原子能出版社（北京市海淀区阜成路 43 号 100048）
责任编辑	徐　明
封面设计	王　茜
印　　刷	三河市南阳印刷有限公司
经　　销	全国新华书店
开　　本	787毫米×1092毫米　1/16
印　　张	9.75
字　　数	180 千字
版　　次	2018年8月第1版
印　　次	2021年9月第2次印刷
标准书号	ISBN 978-7-5022-9333-8
定　　价	58.00元

网址：http//www.aep.com.cn　　　E-mail:atompe123@126.com
发行电话：010-68452845　　　　　　版权所有　翻印必究

前　言

近年来，随着基础教育改革的不断推进，新课程的实施在基本理念和具体内容上都发生了较大变化.面对新的改革和发展，如何发展数学教育成为数学教育工作者密切关注的热点问题。

为此，社会亟需对数学教育和评价进行全面的剖析，以实现国家的人才培养目标和教学任务.推动数学教育改革的深入，完善和创新数学评价体系，实现数学教育的可持续发展，都离不开数学教育理论的支持和评价体系的指导。

本书反映了数学教育理论与评价的新成果，注重基础性、实用性、时代性和新颖性.具体内容分为5章：

第1章为数学教育基础理论，包括数学教育发展简史、数学教育的基本特征、数学教育观念的变革与更新以及数学教育的改革等内容。

第2章是对数学课程与数学教学的研究，重点从数学课程概念辨析及其影响因素、数学课程设计、数学教学过程与模式以及数学教学设计等方面进行阐述。

第3章主要讨论现代教育技术与数学教育，首先介绍了现代教育技术的相关理论，并在此基础上阐述了现代数学教育技术在数学教育中的意义、现代教育技术在数学教学中的应用模式，继而讨论现代信息技术与数学教学的整合。

第4章为数学教育研究的相关内容，在对其进行概述的基础上，针对数学教育实习、数学说课与数学微格教学、数学教育论文写作进行了深入的分析。

第5章是关于数学教育评价的研究，在论述教育评价的前提下，分别从数学教育评价过程，数学学习评价，数学教学、教材评价，数学教学评价和数学教学案例评价等方面展开了详细论述。

由于数学教学是一个动态发展的过程，因此，本书只是对改革与发展过程中相对稳定的内容进行分析，书中的不当之处，敬请各位专家、学者不吝指教.我们在本书的撰写过程中，也参阅了许多著作和文章，很受教益.在此，谨向相关的作者致谢。

本书是贵州省区域内一流建设培育学科"教育学"（黔教科研发[2017]85号）阶段性研究成果，同时也得到贵州省专业综合改革项目——"数学与应用数学"的资助。

铜仁学院　李小军

2018 年 4 月

目　　录

第1章 数学教育基础理论

数学是对人的发展有重大影响的一门学问,数学教育是传承人类数学文化的教育活动。本章从数学教育基础理论入手,论述数学教育发展简史、数学教育的基本特征、数学教育观念的变革与更新以及数学教育的改革等方面的内容。

1.1 数学教育发展简史

数学教育作为培养人的一种社会现象,是向下一代传递生产经验和生活经验的必要手段,随着数学的产生而产生,发展而发展。

古代数学教育是古代文明的组成部分,几个主要文明古国和地区都形成了一定的数学教育。

古埃及于公元前3500年建立奴隶制国家,此后便产生了几何学,随着天文、建筑和管理的发展,数学教育势在必行.在古埃及,就存在着宫廷学校以供皇家及贵族子弟进行专门性学习,有为培养官吏而设立的职官学校,还有培养僧侣的寺庙学校和一般的文士学校,各种学校都开设一定的数学课程。数学教科书的内容大都与遗留至今的某些埃及纸草书的内容相近。

公元前3000年建立奴隶制国家的巴比伦,是数学的发源地之一。除寺庙学校培养僧侣外,宫廷学校、政府机关办的学校和私人办的文士学校所培养的人才涵盖范围很广,几乎没有一所学校是不开展数学教育的。从现存的泥板中发现,在当时,数学教育主要涉及教授乘法、倒数计算、账目核算、体积计算及物资分配等。

早在公元前10世纪,奴隶制国家便形成并存在于古代印度的恒河流域。印度婆罗门教与佛教兴起于公元前7世纪至5世纪,宗教权威至高无上,教育与宗教密切相关,以宗教为主的家庭教育是当时的主要形式。公元前4世纪精通经义的文人开办家庭学校,招收学员,学习 12 年,除读经、修行外,还学天文、音韵学及一些数学知识。5 世纪后期,以寺院为中心开展经常性的学术讨论,数学教育逐渐在一些学府当中出现,大概到了 6 世纪,语法学校、天文学校等专业学校应运而生,它们都讲授相当程度的数学知识。另外,佛教寺院成了培养上知天文、下知地理的高僧的场所,佛教传播的同时也传播了一定的历算和数学知识。

古希腊数学教育主要有学派教育和学园教育。古希腊崇尚数学,爱奥尼亚学派、毕达哥拉斯学派、巧辩学派等的"学派"教育是古希腊的独特形式,学术组织与教育组织融为一体,学术活动与数学教育相辅相成。当时许多城邦国家还创办"学园"进行教育,如雅典的柏拉图创建的"阿卡德米"学园即为代表之一。以雅典为例,公元前 6 世纪到 4 世纪,规定 7～14 岁的儿童入文法学校学读写和计算,13～15 岁入体操学校学体育和谈话,16～18 岁入"学园"针对数学加以深造。现代数学以古希腊数学为雏形,毕达哥拉斯是第一个对数学进行分类的人,深刻地影响了西方的数学教育。公元前 3 世纪,亚历山大城的数学空前发达,成为古希腊研究的中心,《几何原本》是当时的标准数学教科书。雅典学园和学校于 529 年因东罗马皇帝的禁令而关闭,数学也成为当时的禁授内容,自此希腊数学教育的辉煌一去不返。

古罗马的数学教育继承了古希腊数学教育的传统,规定 7～12 岁儿童可以在私立的小学当中对于简单的计算知识与记数法加以学习,贵族的初等教育则借助于聘请家庭教师来完成。之后,贵族和富人子弟再进文法学校学习文法和少数实用数学知识,修辞学校则是培养演说家的高等教育部门,其中数学的四大科——几何、算术、天文和音乐仍是主要的学习内容。当然那时他们主要偏重于实际的测量和计算。

自 476 年西罗马帝国灭亡至文艺复兴,史称西欧中世纪。由于宗教性和封建等级性,数学教育处于"黑暗时代"。文化教育几乎全被教会垄断。僧侣学校水平较高,高级僧侣学校学习的四艺(算术、几何、天文、音乐)全掺入了宗教精神,几何是为了证明上帝的完美,算术是为了计算宗教节日。教区学校负责世俗教民的低水平教育,世俗教育还有培养文职官员的宫廷教育和骑士教育的作用,其数学教育水平远不能与古希腊数学教育水平相比。

11 世纪,由于西欧经济的复苏和十字军东侵,西欧接触到了东方和希腊文明,文化得到很大发展,僧侣院校已难以满足社会的需求,中世纪大学便应运而生。14 世纪欧洲已有多所大学,大学课程虽仍以神学为主,但数学已成为必修课之一。12—13 世纪,城市学校和行会学校在欧洲应运而生,主要讲授计算课程,数学课程内容增加了印度及阿拉伯记数法和一般运算内容,几何则涉及欧几里得几何学和一些测量知识。

文艺复兴作为一场思想解放运动,主要是为了反对封建与神权,弘扬以人为中心,借助于教育来实现人类天赋的身心能力发展的和谐化。就人类知识与能力而言,数学是其中重要的组成部分,受到重视是理所当然的。因此,在一定程度上加强了对古希腊数学传统的重视,在大学里增加了数学和自然科学课的比重,代数与东方传入的三角成为数学的新内容。数学教育在文艺复兴时期得以恢复与发展,这就为数学教育在 16 世纪至 17 世纪的大发展准备了必要的条件。

17 世纪至 18 世纪欧美资本主义兴起,17 世纪英国资产阶级爆发革命,1776年美国独立,18 世纪末法国资产阶级革命等国际事件的发生,加速了欧美资本主义的发展。随着资本主义生产力的不断提升以及对外殖民扩张的发展,各式各样的人才需求量加大,基于此,就需要建立并完善人才培养制度。随着新的教育制度的确立,在数学教育的发展过程中,夸美纽斯、洛克、卢梭的教育思想发挥着重要的意义。其中,西欧各国数学教育的多层次化发展就很好地佐证了这一点。例如:

在法国,中学当中普遍开设了数学课程,一直到 18 世纪末教材都采用的是米拉的《几何原理及测量》(1664 年)与《数学原理》(1692 年)。工业学校的主要任务就是培养工业人才,埃里冈的《数学教程》(1637 年)和别朱的著作因其具有较高的公理化程度、极强的理论性,被采用为教材。

德国早在 1747 年创立"经济数学实科学校",这是重视数学的实科学校的先驱,欧拉的著作《当代代数全书》(1771 年)对数学教科书产生重大影响而使普通中学也开设大量数学课程。

英国发展最早,19 世纪时水平就已经相当高了,为了能够掌握当时继续的商业算数,除了大学教育之外,各式各样的"计算学校"也应运而生。

19 世纪,西方资本主义逐渐过渡到了帝国主义,在两次产业革命的推动下,资本主义生产得到进一步发展。对内扩大工业化大生产,对外进行殖民扩张和掠夺,都必须提高劳动者的素质,同时无产阶级为自身的解放也同资产阶级进行抗争。19 世纪以西方列强先后推行义务制教育为标志,数学教育得到普遍的重视和发展,但 19 世纪末,一些西方国家,如英国,教育曾一度处于停滞状态。社会生产力和科学技术的急速发展,对劳动者科学素质提高的强烈要求,使英国的一些有识之士看到了 20 世纪教育的弊端,开始对其进行批判,之后,德、法、美等国家也掀起了数学教育改革的热潮。以英国的培利和德国的克莱因为代表倡导的数学改革运动迅速在 20 世纪出现。

培利的主张主要见之于 1901 年《数学的教育》报告当中,在他看来,数学应该挣脱欧几里得的桎梏,应该将关注点放在实验几何、几何应用上面,侧重于测量和计算方面,他觉得微积分的开始迫在眉睫。其在《数学教育纲目》当中对于数学教育创新的相关内容进行了更为深入的剖析,认为应该将数学教育划分为初等与高等两个等级,应对于数学教育中思想、教育的重要意义加以肯定,要使学生在发现与解决问题的过程中真正地实现现实与数学教育的结合,明白数学学习的意义等。培利的数学教育思想名噪一时,其中部分思想得以付诸实践。

从克莱因的著作《中学数学教学讲义》(1907 年)和《高观点下的初等数学》(1908 年)当中可以窥见其数学教育改革的思想。他主张将数学教育的内容用函数概念加以统一,强化在中学教育当中的函数及微积分教学的内容,代数的内容需要更加充实,致力于用变换观点对传统几何进行改革,认为中学教学内容当中应该包括解析几何。克莱因的数学教学思想和观点影响深远,关注度极高。

培利与克莱因的数学教育思想在 20 世纪初引起了极大反响,直接导致了数学教育改革运动的发展。1908 年,国际数学教育委员会的成立是这场改革的一个直接结果,在数学界和数学教育界得到了普遍支持。数学教育改革运动虽然取得了一些成果,但是因为人们长时间囿于旧习惯势力,无论在思想上面,还是在师资、理论方面都存在着一些弊端,加之“一战”的爆发,改革被迫中断。

“一战”后,欧美国家从战争中复苏,数学教育出现了若干可喜的变化:

(1)大部分西方国家将中学阶段纳入了义务教育年限当中,使中学教育开始面向大众开放。

(2)美国人杜威提出了实用主义教育思想。杜威主张:要将关注点放在儿童个人生活经验上面,要注重各种活动课程的适宜性,实现教学与社会活动的关联性,进而构建一系列新的教学模式与方法。杜威教育思想曾一度影响我国,但因无法克服难以形成学生系统科学知识的缺点而失败。

(3)苏联实施了成功的改革。“十月革命”实现了国民教育的全面化、免费化,作为普通义务教育与宗教无关,并实现教育联系生产、理论联系实践,实现学校向新型学校的转变。1920—1930 年,苏联教育因为教育计划与课程的多次修订得到了迅速发展,为科技的高速发展奠定了基础。

“二战”后,人类进入现代社会,以原子能技术、航天技术和电子技术为标志的新技术革命不断发展,出于适应现代科技、现代社会生活和人类自身发展的需要,数学教育沿着现代化和普及化的方向发展。20 世纪 50 年代末风行世界的“新数学”运动正是数学教育现代化的一场变革。

　　20 世纪 50 年代,苏联成功地发射了第一颗人造地球卫星,震动了整个世界,尤其使一贯以世界大国自居的美国感受到严重的挑战。苏联在科技上处于领先地位,究其原因在于美国教育相对落后,故美国掀起了教育现代化运动,其中一个重中之重就是要实现数学教育的现代化。美国首先将教育现代化以立法的形式加以认定,其次是组织数学和数学教育家对美国数学教育的现状加以调查研究,认为美国数学教育观念落后、内容陈旧、体系零散、计算烦琐、方法单调且与大学脱节,于是,由全美数学协会和全美数学教师协会牵头并资助,"学校数学研究小组(SMSG)"得以建立,致力于推进数学教改工作。他们的最大成果是主持编写了一套《统一的现代数学》,这是从幼儿园到大学预科的全套教材,全美迅速掀起了以实施新数学教科书为内容的运动。运动迅速波及全世界,英国成立了"学校数学设计组(SMP)",编写了一套 SMP 教材进行实验;欧共体 1959 年召开数学教育国际会议对此予以研究与推广;苏联于 1967 年公布了新的"数学教学大纲",数学教育现代化不断向前发展;1968—1970 年,日本前后三次对于小学、初中和高中的数学教学大纲和教材进行了修订,致力于落实数学教育的现代化计划。这场以课程改革为重点的运动也一度影响到中国,彼时翻译出版了各国的新教材进行试验。

　　各国新数学教材的共同特点:传统数学精简化,数学方法多样化、结构化、统一化、公理化、抽象化、现代化、通俗化、几何代数化和电脑离散化等。

　　数学教育现代化运动并未取得预期的效果。一方面鉴于各国在改革过程当中过分地将目光放在了结构化、公理化及抽象化上面,这与学生的认识水平和生活实际是严重不符的,数学内容过多过难,除少量数学尖子脱颖而出外,大部分学生难以接受,计算能力和抽象能力低下,造成"学生负担过重",使学生失去了学习数学的信心;另一方面,由于教师的精神和业务准备不充分,数学内容严重脱离教师实际,教学效果普遍下降。新教材遭到师生的抵制和各方面的反对,"新数学"运动以偃旗息鼓而告终。

　　20 世纪 70 年代以来,各国对这场运动进行了反思和总结,提出"回到基础"的口号,重新编写了教材。欧美各国重编的出发点是符合师生的实际,日本颁布的新大纲提出"留有余地"的数学教育,实行几年之后,也遭到众多的非议,主要原因是只照顾到基础的情况,而忽视了当代科技发展的需要和数学自身发展的要求,减少了对优秀学生的培养指导。

　　20 世纪 80 年代以来,吸取"新数学"运动和"回到基础"运动的教训,数学教育面向大众便成了明智的选择。1983 年,德国数学家达韦诺夫在华沙国际数学大会的数学教育委员会上第一次向世人呈现了该口号,在世界范围内反响强烈,联合国教科文组织由此提出了"为大众的科学(Science for all)"的口号。1986年,国际数学教育委员会(ICMI)于科威特召开了专题讨论会,会议的主题是"90年代的学校数学",把"大众的数学"列在首位,并出版了由豪森(Howson)等人编辑的总结报告——《90年代的学校数学》。

"为大众的数学"(mathematics for all)这一口号已深入人心,其影响将延续到21世纪。世界各国都在这一潮流的推动下积极行动。美国全美数学教师协会(NCTM)于1989年3月出版了一本258页的文件《中小学数学课程与评价标准》,旨在促进改革,提高质量,使中小学生适应21世纪的生存需要。德国统一以后,巴伐利亚州学校用书出版社出版了一套教材,由德国文化教育部长会议制定数学教学目标与建议总原则,供一些州使用,在全德影响甚大。1982年英国政府文书部正式出版了《科克罗夫特报告》,这是英国政府组织的"学校数学教育调查委员会"经过3年的广泛调查,研究了当代英国中小学数学教育问题,以该委员会主席科克罗夫特(Cockeroft)博士的名字命名,向英国政府提供的一份报告。它不仅是英国公认的数学改革的纲领性文件,在国际上也具有很大的影响。20世纪90年代初,苏联全苏中小学教育科研委员会数学组就中小学教育改革提出了一份"关于发展中小学数学教育的若干观点"的报告,后来因为苏联解体而未能实行。我国则在大力提倡普及九年制义务教育的同时,提出从"应试教育"向"素质教育"转变的观点,"教育面向世界,面向未来,面向现代化"已成为数学教育的改革方向。

从数学教育方面来看,"大众的数学"主要涉及两方面含义:第一,数学教育是要面向全体人员,所估计的是全体人员的需求,要使每一个人都能够在数学教育当中有所收获;第二,每个人所达到的水平是有差别的,但是数学教育存在着一个每一个人都能够达到的水平。随着"大众的数学"思想的不断发展,下列问题是亟待解决的:

(1)数学在大众的课程中保持其核心地位是否具有必要性?

(2)何种数学课程才能够与大多数学生的需要相符合?

(3)如何根据不同的需要有效地区分学生和课程?何种程度的区分是需要的,是可能的?

(4)如何理解数学教育的"机会均等"与"各取所需"的矛盾?

"大众的数学"作为国际性的思潮,不仅对数学课程的设计提出了新的要求,而且将对整个数学教育产生深远的影响。

1.2　数学教育的基本特征

1.2.1　数学教育的大众性

数学作为人类生存的必要语言之一,是基础教育阶段自始至终都必须学习的知识。事实上,数学是人类生产活动的基本语言,只要有人类就有人类生产活动,而生产活动就要有计量、统计以及更高级的各类数学知识,对这些数学活动的表述就需要数学语言或数学知识。正是因为如此,全世界各国都把本民族语言课程和数学课程列为基础教育各个学期中必须连续学习的学科课程。

数学教育大众性的目的很明确,就是培养能够适应社会以及发展着的社会的公民。可以从下述方面来认识:

1. 人的生活离不开数学

人们的基本活动——衣、食、住、行中有数学知识,人们因此需要数学,数学之所以是人类最早的科学,也正是因为数学活动是与人类时刻相伴的活动。

2. 生活中的数学越来越多

随着科技的发展、社会的进步,生活中的数学越来越多。现在数学不再只是科学的语言,它也以直接的和基本的方式出现在娱乐、商业、财政、健康和公共事业中。百分数、统计表频繁见于报端;生活中的买与卖、存款与保险、股票与债权成为日常事项;生产进度、交通事故、股市行情通过数学传递着大量信息等。数学正在以前所未有的方式向社会的一切领域渗透。

3. 向市场经济转轨需要更多的数学

随着我国市场经济的逐步形成,每一个生产者都与产品质量、市场销售密切相关,成本、利润、投入、产出、贷款、效益、市场预测、风险评估等一系列经济概念在人们的生活中必不可少。

4. 信息时代要求人们具有更高的数学修养

生产中或工作中的信息是重要的生产力,操纵信息的技能比苦干更为重要。就操纵生产、工作信息而言,无论是信息发布还是信息分析实质上都是数学工作,包括抽象、整理数字或图像,编制程序,程序分析,信息翻译等,要完成这些工作,需要掌握一定的数学思想和方法,并且随着信息时代的进一步发展,要求人们的数学水平相应地更要提高。

1.2.2 数学教育的发展性

数学教育的发展性是指,任何时期,数学的发展及社会的发展必然要波及数学教育,促使数学教育的发展。

1. 数学新知识不断地补充到中小学课程中

中小学学生所学数学知识的基础部分多集中在产生于 2000 多年前的知识,如平面几何、代数的解方程等。然而教育是处于社会形态中的教育,现代社会中人们更需要 20 世纪成熟起来的数学思想方法。因此,数学新知识不断地补充到中小学课程中,比如代数中的集合与映射思想,几何中的变换思想,概率、统计的知识等。数学学习内容既保留传统精华又不时加入现代成果。

2. 现代数学思想及方法

社会变化是全面的变化,包括思维方式的变化,数学思想、数学技能在变化中越来越成熟。新颖的数学思想和处理问题的现代方式也会自然地反映到中小学数学课程中。

例如:借助计算工具,用现代逼近法探究 $\sqrt{2}$ 的特征。

问题:若 $a^2 = 2$,$a = ?$

探究:由 $1^2 = 1$,$a^2 = 2$ 知 $a > 1$

由 $2^2 = 4 > a^2$ 知 $1 < a < 2$

由 $1.5^2 = 2.25 > a^2$(这里及以下均用计算器计算)知 $1 < a < 1.5$

由 $1.4^2 = 1.96 < a^2$ 知 $1.4 < a < 1.5$

由 $1.45^2 = 2.1025 > a^2$ 知 $1.4 < a < 1.45$

由 $1.42^2 = 2.0164 > a^2$ 知 $1.4 < a < 1.42$

由 $1.41^2 = 1.9881 < a^2$ 知 $1.41 < a < 1.42$

再取 1.41 与 1.42 中任一有限小数 x ,计算 x^2 ,与 a^2 进行比较,确定 a 的范围,如此继续下去,获得启发" a 可能是无限不循环小数"。

3. 可以借助现代技术工具学习数学

在现代科技社会当中,现代科技与我们如影随形,在我们学习数学时,其也能够发挥作用。

在市场当中可以看到各式各样的中学数学教学软件供人们选择,诸如"几何画板"、"ITSM 系统"(中学交互式数学教学软件)等,同时,我国市场上还有功能强大的计算器 T1-83 及 T1-92,这些都是很好的数学学习工具。现代技术可以使数学教学现实化、直观化、效能化(减少烦冗的计算或操作),方便地为数学提供现实及生活背景,提高学生学习数学的兴趣。

例如:《普通高中数学课程标准》中 Dandelin 球的演示与研究。

演示:在 ITSM 系统中,单击"演示——Dandelin 球",出现 Dandelin 球演示板,输入圆半径数据(截面与圆锥相交形成的圆)、圆锥高数据、截面与平面的夹角数据,单击"数据处理——画圆锥",出现一个圆锥;单击"画截面椭圆",得到一个截圆锥的椭圆;单击"画内切球",再单击"两切点为一个圆的切点演示"或"两切点为两个大圆切点演示",则图形随着椭圆上的点移动,完成 Dandelin 球的特征表现。

1.2.3　学习数学的相对困难性

学习数学的相对困难性主要是由数学的特点决定的。

1. 数学的抽象比一般认识上的抽象更为高级

从一般对事物的认识上来说,从多种事物中只要能识别出这类事物的一个共同特征,就完成了一个概念的抽象。比如,"房屋"代表一类事物具有这样的共同特征:它是由建筑材料垒砌起来的空心物体。然而数学的抽象,需要在一般抽象的概念中进一步去识别它们的数学特征(数量关系、空间结构)。建立数学概念"房屋"的数学抽象,就要再描述其几何类的形状等特征。

这样一来,在对数学概念进行学习的时候,除了较高的概括能力之外,还需要具备数量关系或空间结构方面的数学概括能力,上述高级复合型思维能力在数学学习过程中是必不可少的。假设学生这方面的能力不足,其在进行数学学习时会遇到层层阻碍。

2. 严格性是数学的又一特点

数学的严格是指推理的逻辑严格,逻辑有其自在的规定(逻辑模式),人的潜意识是否符合逻辑模式将影响他的推理水平和数学学习,也就是说,人的人格感触因素可以影响数学学习效果。

从人对事物的感觉和处理方式上,可以分为理性人格和感性人格。理性人格倾向于事物的"序"和规则,而感性人格则多倾向于个人的感觉。因此,在数学学习中,具有理性品质的人易于接受数学的推理规则,易于从数学角度考虑问题,数学学习效果往往比较好。而对于感性人格的学生,学习时易于从个人感觉出发,较多依赖个人的经验,而当这些经验与数学规定不符合时,他们的学习就会碰到困难,学习中易于犯一些经验性的错误。

3. 要学好数学,须具有独立的评判精神

评判精神是一种显著的智力品质,是指思维活动中坚持思维材料的客观标准,精细地检查思维过程的品质。评判精神有三个显著特点:其一,独立性,坚守规则,不为暗示或干扰所左右,不盲从附和;其二,分析性,对于解决问题所依据的条件予以客观分析,对于已拟定的假设、计划及方案予以多次验证;其三,整体性,把握问题的大局,在对正反两方面的论据进行考虑时要保证客观性,坚持正确计划,对于错误方案及时进行修改。

缺乏评判精神往往表现为粗心大意,学习数学概念时不能认真地考虑正反两方面的论据,数学演练时易忽略验证步骤,解决问题时不注意做计划,并按计划实施方案等。这些思维品质的缺陷亦是数学学习困难的原因所在。

1.2.4 数学教学的相对困难性

数学的特点以及学生数学学习的相对困难性必然会在数学教学中反映出来,造成数学教学的相对困难性。

1. 引导学生思维活动的困难

对数学概念的理解和把握主要依赖于观察水平和概括水平,对于数学概念的学习来说,学生通常需要引导,而思维活动的引导相对困难。可以从两个方面来说明:其一,当学生的认知基础比较薄弱时,也就是对可表现数学概念的现实问题背景十分陌生时,概念的理解就比较困难。比如,无理数的现实背景很难体现,因此,

对无理数概念的理解就比较困难。其二,当学生的认知基础有偏差时,也就是说学生已有一定的数学经验,而这些经验与相应数学概念存在偏差时,学生内心建立起来的概念,难免有不恰当之处,而且会根深蒂固地印在脑子里,要想改变学生的概念印象,需要教师的思维引导。

数学概念作为思考和处理现实空间结构或数量关系的一种恰当概括,它们必须同实际的激发情境相联系。学生掌握概念必须进入代表其概念的实际变动范围的激发情境之中,而这些又必须通过教师的思维引导的中介作用才能达到。

教师的思维引导应当使各种具体激发模式所包含的概念的属性分化充分,针对学生易回忆以及与新概念有关的旧概念与经验,激起新概念与原有认知结构之间的矛盾,以此去激发学生进行积极的思考。而这些要求并不都是易做到的。

2. 调动学生学习兴趣的困难

学习数学的动机很大程度上来自兴趣,然而数学学习兴趣与其他学科相比是不太容易调动的。原因大概有以下几方面:其一,数学是全面抽象的。其活动是抽象活动,其方法是抽象方法,其结果是抽象形式,这一切决定了数学的学习材料不可能是十分有趣味的,而对中小学生来说,学习材料的趣味性是不可少的。其二,数学学习材料的直观性不强。除几何学外,数学学习内容的直观性都不强,与学生的现实感觉有一定距离,增加了调动学习兴趣的难度。其三,数学学习的成就指标低。研究表明,数学学习成就感能够激发学习数学的兴趣。然而,在当前的教育环境中,升学的压力、过量的训练、家长的期望、分数的攀比……我们很难使多数学生获得数学学习成就感,学生逐渐失去成就感,也就逐渐失去兴趣。其四,与别的学科相比,数学是一项艰苦事业,需要付出汗水和心血。数学兴趣是代价昂贵的兴趣,是需要付出大量智力活动才能换取的兴趣,而不是仅凭感官刺激就能培养起的兴趣。纵观数学历史,少有数学家的逸闻趣事,多是他们艰苦奋斗的曲折历程。因此,对于不愿付出代价的学习者,兴趣是难以酝酿乃至发生的。

3. 数学应用的困难

当前数学教育改革的一个核心问题是,加强数学与实际应用的联系。国家2001 年颁布的《义务教育数学课程标准》、2003 年颁布的《普通高中数学课程标准》都明确提出了数学应用的目标。

我国中学数学应用的困难问题由来已久,无论从平常练习还是从考试结果来看,学生对数学应用题的解答都普遍存在困难。究其原因,大概可以归结为:其一,师生缺乏应用数学的意识。我国数学教育传统上重理论轻实践,在这样的教育氛围中,教师缺少应用数学的意识,学校很少开展应用数学的教学和训练。其二,数学应用本身的复杂性。每个数学实际问题都有独自的知识领域背景,它们可能是来自生活的、生产的、工程的、商业的、信息的、交通的等不同领域,其背景呈现的信息是丰富甚至是错综复杂的。做数学应用首先要求理解和熟悉现实问题所涉及方面的知识,这对于缺乏实际经验的教师和学生都存在不同程度的困难。其三,面对实际问题,缺乏探究习惯,不知从何下手。我们经常看到的情况是,面对实际问题,学生不是在做研究的准备,而是在竭力思索这个问题应归类于以往所熟悉的哪类问题。其四,缺乏数学应用技能训练,不知如何简化,如何抽象,如何表示,如何分析等。

以上对数学教育特点的讨论是十分必要的。因为只有把握了数学教育的特点,才能有目的、有方向地研究数学教育,从而遵从数学教育的规律,提高数学教育效益。这也是讨论数学教育特点的宗旨。

1.3 数学教育观念的变革与更新

1.3.1 数学教育观的历史演变

在历史上,由于不同的数学范式,不同文化关于数学教育的观念具有很大的差异。即使在同一文化的不同历史时期,数学教育的基本观念也有很大的变化。在观念层面,决定特定文化背景下数学教育观的两大因素是,当时占据主流地位的数学观和当时被普遍接受的教育观。这里简要考察近代以来西方数学教育观的演变。

根据欧内斯特的分类,西方传统的数学教育观念被划分为严格训导、技术实用主义、旧人文主义、进步教育派及大众教育派。上述数学教育观念均折射出时代文化、数学观与教育观的特色。

严格训导的数学教育观。其数学观的特点是强调数学是一个严格的真理体系,数学是由固定的规则构成的。其数学教育观认为能力是由遗传因素所决定的,这种能力可以通过教育获得实现。严格训导的数学教育观是以教师为中心的,要求教师通过对学生实施严格的纪律约束实现教学目标。在教学观念方面,严格训导强调严格传授和强迫练习。通过数学教学,把学生训练为专心致志、刻苦学习并努力掌握知识的人。在学习方式上,严格训导派重视书面习题练习和机械学习。

技术实用主义的数学教育观。最初的技术实用主义可以看作是从传统严格训导群体派生出来的。其特点是把数学看作是无异议的有用知识体,其价值标准是实用主义。与严格训导相似,技术实用主义认为学生的数学能力是先天固有的,需要通过教学才能显现其潜能。技术实用主义对教学的看法是强调技能教学。认为激发学生学习的核心在于"教学艺术",即技术与教育相适应的教学。在数学教育界提倡技术实用主义的群体坚持数学教学的功利性,在其看来,适当的数学知识就能够满足学生未来就业的需求。在这种数学教学目的的支配下,技术实用主义表现出对数学技能的热衷以及对应用数学和数学建模的倡导。

旧人文主义的数学教育观。旧人文主义的数学观是绝对主义的,表现为把数学看作是基于理性和逻辑的结构化的纯知识体。与技术实用主义对应用数学的推崇相反,旧人文主义认为应用数学是纯技术的,所以处于较低的地位。旧人文主义把推理、理性和逻辑视为数学认识的核心,强调数学的结构、概念层次、严密性以及数学的文化价值。在数学教学活动中强调把数学当作一个广泛结构化的知识体加以理解和接受。其中,教师的作用在于有意义的讲解和解释。通过多种教学方法和良好的师生关系,使学生经过深入的学习,理解并欣赏纯数学的知识和美学价值。

进步教育派的数学教育观。在数学观方面,进步教育派依然是以绝对主义为基底,表现为把数学看作是绝对的必然真理。但在绝对主义的数学认识中,进步教育派也有其进步的一面,表现为数学作为一种语言是主观知识、人对真理的逐步接近以及突出个人在真理认识过程中的作用等。在上述数学观念之下,进步教育派把数学教育目的定位于通过数学学习的经验,促进人的全面发展,培养儿童的创造性和自我实现精神。进步教育派承认个体数学能力之间存在差异。进步教育派倡导精心组织的教学情境,鼓励学生的自主探究和学习方法的多样性。进步教育派所提倡的儿童是数学学习活动中的自发的探索者以及要培养儿童对数学的自信心和积极性的见解富有浓厚的人文主义色彩。

大众教育派的数学教育观。与上述几种数学教育观相比,大众教育派的主张是对当代世界各国数学教育运动影响最为深远的。大众教育观的基本理念是建立对所有人进行教育这一认识基础之上的。大众数学教育观则提出"为大众的数学"的口号。

欧内斯特把大众教育观的数学观定位于可误主义和社会建构主义,并认为大众教育的数学课程反映了数学的社会本质,充分体现了包含社会在内的全面教育意义。由于大众教育的观点认识到不同种族、不同国家、不同性别在数学创造中的各自作用,因此对于破除数学中的男性主义、欧洲中心主义观念有重要的价值。大众教育采用了历史的和人文的视角看待数学,所以对于数学文化的传播有积极的意义。

在数学教学与学习方面,大众教育采纳了维果斯基等人提出的建构主义观点。大众教育倡导诸如问题提出、师生互动、小组学习、自主探究、研究性学习、开放式教学等教学或学习方式。通过数学教学的改革,进一步培养学生的创新思维、解决问题的能力和实践能力。

1.3.2 数学教育观的类型

数学教育观主要涉及四类,即数学教育通观、数学教育哲学观、数学教育文化观及数学教育价值观。

1. 数学教育通观

数学教育通观是指贯穿于数学教育整个过程的重要基本观念。它可以具体划分为数学教育目的观、数学教育课程观、数学教育教学观、数学教育学习观、数学教育人才观与评价观。

(1)数学教育目的观:通过数学教育,我们期望学生获得些什么? 具体来看,就是学生在数学的观念、知识、能力、素质等方面应该达到一个怎样的水平。概括起来,数学教育的目的观要解决的是为什么教的问题。

(2)数学教育课程观:我们应该给学生教些什么样的数学知识? 社会对数学的需求在何种程度上在数学课程的设计中得以体现? 哪些数学知识是基础的和必需的? 这些数学知识应该以怎样的方式加以组织并用什么形式加以呈现? 概括起来看,即教些什么的问题。

(3)数学教育教学观:数学教学活动的本质是什么? 教师在教学活动中的作用是什么? 教师应该如何有效地开展教学活动? 概括起来看,就是如何教的问题。

(4)数学教育学习观:数学认知的本质是什么? 数学学习的本质是什么? 数学知识是如何被学生掌握的? 概括起来看,即如何学习的问题。

(5)数学教育人才观与评价观:什么样的人才是需要的和合格的? 教的效果如何? 概括起来看,也即教得怎样的问题。

在信息技术条件下,还有必要考察诸如数学教育媒体观。

2. 数学教育哲学观

数学教育哲学观是人们对于数学教育思想与行为进行哲学分析后所得到的观念。数学教育理论研究的不断深化，使得数学教育哲学的相关研究越来越受到人们的重视。就国际上来看，1991 年，英国数学哲学家欧内斯特撰写的《数学教育哲学》得以出版，自此数学教学哲学研究开始向着系统化方向发展。

纵观欧内斯特所著的《数学教育哲学》，其基于数学哲学的基本内涵，深入阐释了数学哲学与数学知识的本质，立足广泛视角系统论述了数学教育哲学的相关内容。主要涉及数学教育的目的与观念，功利主义群体与纯理念群体，大众教育，Cockcroft 报告与（英国）国家课程，数学、学习、能力与社会等级，数学、价值与机会平等，探究、问题解决与教学法。

一言以蔽之，欧内斯特秉承的是一种社会建构主义数学观念，故其数学教育哲学涉及的内容较之于严格的哲学范畴要更为宽泛。与之相对应，并没有深入的探讨狭义的数学和数学哲学方面有关数学教育的内容。但需要肯定的是欧内斯特的《数学教育哲学》作为具有开创性的著作，其发挥着不可替代的作用。

就我国而言，南京大学郑毓信教授第一个基于哲学层面对于数学教育展开了研究，并力求为数学教育提供系统化的哲学理论基础。郑毓信所著《数学教育哲学》同样是一部具有开创性的著作，其认为数学教育哲学的终极目标就是要为数学教育奠定必要的理论基础，并围绕这一观念展开论述。

在郑毓信教授看来，数学教育现代化发展必然会迎来数学教育哲学化这一发展趋势，究其原因在于，在历经各式各样的改革之后，出于更好地明确数学教育去向的考量，人们必然需要基于理论高度去阐述与剖析系统数学教育当中的基本问题。基于此，也就明确了数学教育哲学的理论价值及在数学教育研究当中所处的重要地位。

郑毓信教授认为，数学教育哲学的终极目标就是为数学教育奠定必要的理论基础。故郑毓信教授立足于"何谓数学"、"数学教育目标与数学教育现代化"、"数学学习和教学活动的认识论分析"三个方面，系统地研究了数学教育哲学的相关问题。总体来看，郑毓信教授的数学教育哲学思想基于理论和现实两个层面对数学教育的重要哲学主题进行了剖析，对于数学教育的理论基础起到了初步的奠定作用。

3. 数学教育文化观

数学教育文化观是人们从文化的视角看待数学教育所获得的基本见解。由于文化的视角比哲学的视角要宽阔一些,所以数学教育的文化观可视为是对数学教育哲学观范畴的一个扩展。系统而言,其主要涉及数学作为一种文化的观念对数学教育的影响和作用以及数学教育与整体文化的相互关系这两个基本内容。

数学文化的观点坚持从社会文明进步及人类文化的层面对数学的本质、价值、作用予以跨学科、全方位、系统的研究。数学文化研究把自然、社会与人的和谐统一看作是衡量整个数学文化价值的指标。研究数学文化,可以对数学内在科学结构予以深度揭示,可以展望囊括人文、社会科学在内的所有科学的数学化发展前景,进而凸显数学的文化特征和人性化色彩。

数学文化的基本观点对于认识数学教育的本质与过程具有重要的启发价值。比如,从数学的历史观看,数学文化的历史就是一种广义的数学教育的历史。从数学的人文特征看,对数学中所具有的超越自然科学意义的人文社会科学价值的认识可以为在数学素质教育中倡导人文主义教育目标奠定理论基础。

从数学与其他文化的关系看,整体文化与传统除了以直接和外在的形式作用于数学教育外,还以深层、潜在的形式对数学教育造成影响,尤其是后者所产生的影响是不容小觑的。如整个社会价值观和价值取向,师生的各式各样的观念所反映的都是在特定的社会结构下的特定的社会价值与文化心理。上述潜在的文化因素在不知不觉间对我们产生影响。这些因素是相互作用的、是复杂多变的、是综合作用的,这共同组成了极具中国特色的数学课堂的背景文化,对于数学课堂的形成、方式、表现形式及特征等会产生一定程度的影响。

概括来说,数学文化观可和数学教育哲学观的研究结合起来,共同构成数学教育观念研究的理论基础。

4. 数学教育价值观

数学教育价值观包括以下几个层面:一是要充分认识数学对社会进步、科技发展的重要价值和作用。二是要充分认识数学教育对培养数学人才和合格建设者的重要性。三是要看到数学教师的数学教育观念对数学教育行为的重要作用。四是要对数学问题解决、数学证明与推理、数学直觉、数学方法等的意义、作用、价值有深刻的理解。五是要看到数学教育价值的多样性特点,要对数学和数学教育的作用有一个客观、全面的评价。

1.3.3　当代数学教育观的重构

数学教育兼具科学价值与人文价值。数学可以被视作是科学和人文的共同的基因。就当今而言,需要基于整体的范畴来对数学教育予以考察,在对数学教育的价值体系进行建构的时候,可以以知识与能力、认知与情感、理性与非理性、内容与形式等方面为着眼点,使数学的教育价值得到充分发挥,进而服务于学生健全人格的形成,实现其素质发展的全面化、和谐化。

如果一个教育者是极端的科学主义与人文主义者,那么在其看来,超然的概念应该始终居于超然的中心地位:事实与价值,并将两者分割开来,力求实现单一的确定性。如果一个教育者是极端的科学主义者,那么其会认为,演绎法的目的在于为数学知识提供可靠保证,科学以数学为其工具,实际应用是数学研究、学习的目的和评价标准。数学方式作为科学方法是百分百可靠的,可成为对人类各个方面负责的唯一立足点。例如像笛卡儿这样的数学家、哲学家坚持认为,科学是唯一的知识、永恒的真理,并力求寻找一个万能的途径,实现所有问题向数学问题的转变。如果一个教育者是一个极端人文主义者,在他看来,纯粹的数学本身是有内在价值的,它作为文化的内涵与科学的"皇后"而存在,是人类知识的结晶,具体到数学教育上来看,其主要任务就是服务于数学,其目的在于学习、交流与研究,进而实现所获得的美感与价值的纯粹性与超然性。上述两种观点都太过于绝对化、极端化,并没有完整地对数学教育的价值进行反映。

数学教育意义重大,有助于提升公民的科学文化素养,有助于培养其理性精神,也有助于实现其人格的完满。进而满足了社会和个体发展的多样化、多层次及个性化的需求。

(1)就数学层面而言,数学具有显性价值与隐性价值,显性价值包括工具性、实用性,隐性价值主要指文化性等,以此为前提才能够实现对于当代数学教育价值体系的综合构建。数学就其精神上来说,存在着两个技术上完全对立的方面:其一,在日常计算的过程中它能够提供给人们无尽的方法,现在主要借助于计算器、现金出纳机及计算机来辅助完成;其二,数学所提供的语言应该是极其精密的,进而确保我们在对于复杂的决策进行探讨时能够保障思考的逻辑性,而不是仅仅依靠主观臆断或者是雄辩。数学具有极其严密的演绎思维与逻辑推理,以此为手段,借助于彰显人心智功能的研究方式,来满足人们求真、向善、唯美并勇于挑战的天性,进而使数学兼具了抽象的理性价值抑或是文化价值。同时,数学的经验性和实践性赋予了数学应用的广泛性,这也就赋予了数学的科学价值抑或是实用价值。早在古埃及时期就存在土地测量活动，发展到现在，信息技术、数学化生存，在人类文明发展过程中无处不彰显着数学的应用价值，并发挥着重要作用。随着现代科学技术的不断发展，对于数学工具的依赖性也逐渐加大，就当前来看，数学是作为一种现代技术而存在的，实现了由工具性（思维工具、科学工具）学科向直接的数学技术的转变，其所带来的经济效益是空前的。

（2）就教育层面而言，数学作为纽带实现了"科学"与"人文"教育的结合。就其人文意义层面而言，数学在对真理进行探索的同时，也塑造了一种独具特色的人格气质。在对数学进行探索时，数学家的求实精神、批判精神、为真理献身的精神都彰显了丰富的文化教育价值。在人类文化精神当中，科学精神必不可少，同其他人文精神一样也致力于对于真善美的追求，具有相通性、融合性。数学向人类精神文明提供了一种别具一格的思维方式，并将客观、公正和实事求是等理性精神赋予了人们。对于人类社会而言，数学所提供的不仅仅是物质财富，还丰富了其精神家园，使人们了解到了最崇高的"善"。

数学当然应该在实际、现实生活当中加以应用，但是也不能够局限于此。数学知识作为其思想与知识的一个承载者，其应该在多个层面加以应用。就表层含义而言，应该是实现知识应用，其最基本的要求就是实现知识的传授，知识的力量是无人能够否认的。就深层含义而言，是要实现其思想。精神及方法的运用，要彰显其文化价值，要在一定程度上对于人的思维、智力、审美及道德等产生影响。这就是数学教育隐性价值的彰显。

（3）就数学教育改革的未来发展前景而言，其致力于实现数学教育价值的多元化、综合化。近年来，数学教育的核心概念逐渐发生变革，即"双基教学"、"能力培养"及"问题解决"，都在一定程度上对于数学教学的价值进行了诠释，但是这是远远不够的，这也就说明了在数学教学的理论和实践过程当中，并没有全面的对于数学教育价值进行认知。就课程标准而言，其一，其基于教学内容实现了传统数学以演绎体系为核心的转变，将侧重点放在了建构数学中算法体系上面，致力于实现算法的多样性及与信息技术的整合，偏重于概率统计等内容，力求使学生全方位的了解数学的本质；其二，就知识呈现方式而言，侧重于以学生的生活经验为立足点，来创设问题情境，就学习方式而言，提倡活动探究，更多地将关注点放在了知识的形成过程中，从侧面显示了对数学教育科学价值和文化价值的重视。课改的进步有值得肯定的方面，但是过度关注"实用"而没有多少科学价值或文化价值的浅层次、重复性的"活动探究"，必将造成对数学逻辑、理性等内在"文化"性价值追求的忽视，这是需要警醒的方面。

顺应时代发展潮流,对于当代数学教育价值体系加以合理重构,是对数学教育发展方向予以正确把握的必要前提。就当代数学教育而言,其需要秉承着科学主义教育观念,将知识、理论、方法、技能及应用放在重要的位置,并以此为特征,提升其与生活的关联度,将侧重点放在应用上面,使学生的数学应用意识和创新能力得到一定的提升。基于人文主义的影响,社会的需求与个人兴趣爱好也是不容忽视的方面,在数学学习过程中,要使学生感受到美与本质的力量,在培养其科学精神的同时实现对其情操的陶冶,进而构建一种教育价值体系,实现人性、理智、情感与社会的协调一致性。在数学教育中,应该明确秉承着人性浓郁的数学观,将数学的文化价值放在重要位置,否则,将不利于学习者能力的提升。新时期,数学教育的侧重点应该放在对于人的培养上面,应该基于学生自身的体悟,使学生真正喜欢上数学和想要学好数学。进而基于数学思想和方法来对自然和人类进行探索,进而彰显数学教育的科学价值和文化价值。

1.4　数学教育的改革

1.4.1　建构主义与当代数学教学改革

1. 认识建构主义

建构主义又称为结构主义、建构学说等,其最早创始人可追溯至瑞士著名的心理学家皮亚杰(J. Piaget)。他所提出的"认识发生论"指出:"发生认识论主要的成果是这样一个发现,我们获得知识的唯一途径是凭借连续不断的建构。"他认为,不仅智慧过程是可以构造的,而且认知结构也是不断建构的产物。

建构主义的发展经历了三个阶段:极端建构主义、个人建构主义和社会建构主义,正经历着由一元论、极端主义向多元化、折中主义的重要转变。

极端建构主义的代表人物是冯·格拉塞斯菲尔德,他认为极端结构主义的两个基本观念:①知识并非被动地通过感官或其他的沟通方式接收,而只能源自主体本身主动的建构。②认知的功能在于生物学意义上的顺应和组织起主体的经验世界。极端建构主义对个体性质绝对肯定,而否定其他人的经验世界的直接知识。而社会建构主义的核心在于对认识活动社会性质的明确肯定,这对于极端建构主义忽视社会文化环境和他人客观经验知识的不足正好能起到弥补作用。

结合皮亚杰的智力发展理论,就可得到一种折中的现代建构主义的要旨:①对于学习来说,并不是被动接受,而是要根据自己的需求、经验背景等对外部信息进行主动选择、加工和处理,进而获得心理意义。意义是学习者通过新旧知识经验的相互作用过程而建构的,是不能传输的。人与人交流,传递的是信号而非意义,接受者必须对信号加以解释,重新建构其意义。②学习是一种社会活动。个体的学习与他人(教师、同伴等)有着密切的联系。传统教育倾向于将学习者同社会分离,将教育看成学习者与目标材料之间一一对应的关系。而现代教育意识到学习的社会性,认为同其他个体之间的对话、交流、协作是学习体系的一个重要组成部分。③学习是在一定情境之中发生的。学生意义的建构依赖于一定的情景,这里所说的情景包括实际情景、知识生成系统情景、学生经验系统情景。创设问题情境是教学设计的重要内容之一。

建构主义者强调联系新知识到先前知识的重要性,强调在真实世界里进行"浸润式"教学的重要性,并且还认为学习总是背景化的,即学什么依赖学生先前的知识和学习的社会背景,也依赖于所学东西和现实世界的有机连接。

从信息论的观点来看,知识是无法传递的,传递的只是信息。知识不是通过感官或交流被动获得的,而是通过认识主体的反省抽象来主动建构的。同时个体的学习总是融于一定的社会环境之中,不再仅是主体的个体行为,即建构活动具有社会属性。综上所述,建构主义理论有主体性、建构性、社会性三大要素。

2. 建构主义与数学教学

(1)建构主义的教学观。

概括地说,建构主义的学习不但强调学生的主体作用,而且要求教师由知识的传递者、灌输者转变为学生主动建构的设计者、组织者、促进者和评价者。建构主义的教学观主要体现在以下四个方面:

①强调以学生为中心。

在数学教学的实践过程中,要充分调动学生对数学知识建构的主动性和积极性。

②强调"情景"对意义建构的重要作用。

在教师精心设计的问题或一定的学习背景材料的指引下,努力营造一种克服一定困难,又力所能及的学习情景,以诱发学生的认知冲突,参与意义建构。

③强调"协作学习"对意义建构的重要作用。

建构主义理论强调学生在教师的组织和引导下一起讨论和交流,得出正确结论,共享思维成果。

④强调学习过程的最终目的,是完成对数学知识的意义建构。

意义建构的实施,应在分析教学目标的基础上,选出所学数学知识的主要内容,并根据主要内容进行意义建构,即达到对该"主题"较深刻理解和掌握。

(2)建构主义的学习观。

概括地说,建构主义的数学学习不再将数学知识看成是已有的结论或知识记录。对学生来说,那些前人已经建构好了的知识,仍是全新的、未知的,需要他们通过自己的学习活动来再现前人建构的类似过程。学生在参加各种各样的活动时,要以认知主体的身份参加,每个活动都会融汇情与景,在这样交互的氛围中,学生会对自己组织内部的认知结构进行重新构建,任何人是不能包办代替这种身份的。

另外,学生个人的认知结构千差万别,能力不尽相同,因而所学习的要求和方式也不一样。应当允许个人根据自己的体验来建构数学知识,得到不同的理解,是能达到对知识正确领悟的"通得过"的理解,而不是对同一知识的整齐划一的理解(这也就是建构主义的"钥匙原理")。教育的基本原则就是让不同的人掌握不同的数学,使学生的数学学习个性化。

3. 新课程标准体现的建构观

其实,通过仔细审视数学新课程标准,就会发现关于数学的学习观和教学观的论述与建构主义理论几乎一致,无论学生学的方式的变化和教师教的方式的转变,还是教学建议与教学评价建议,都在倡导一种建构主义观念指导下的强调学生的认知主体地位,同时也不能忽视教师的指导地位。教学观体现在教师是学生意义建构的帮助者和促进者,而不是知识的传授者。学生是对学习信息的加工者,是意义的主动建构者。我们可以从数学课程标准制定的内容中得到更加深刻的认识。

(1)新数学课程理念简述。

新一轮数学课程改革发生了很大变化,这不仅体现在理念、内容上,而且体现在实施过程中。教师在数学教学中扮演着非常重要的角色,他们既是课程的实施者,也是课程的研究者和建设者,同时也是数学资源开发的重要力量,除此之外,教师还是知识的传输者,对学生的学习具有引导作用。可以说,教师是实现数学课程改革目标的重要因素。教师应首先转变观念,对数学课程改革的理念和目标进行充分认识,同时要非常清楚自己在此过程中所处的地位和应该扮演的角色。为了更好地实施新课程标准,教师应积极地探索和研究,提高自身的数学专业素质和教育科学素质。

高中数学课程设立"数学建模"、"数学探究"等学习活动,这能在很大程度上为学生提供更多的学习方式,这样能最大限度地调动学生们对于学习的热情以及激发他们对于数学的学习兴趣,有助于提高他们的数学能力和数学素质。在学习数学和运用数学解决问题的过程中,学生会不断地经历直观感知、观察发现、归纳类比、空间想象、运算求解、演绎证明等一系列的思维过程。这些过程是数学思维能力的具体体现,有助于学生对客观事物中蕴含的数学模式进行思考和做出判断。

(2)建构主义学习要求学生发挥的主体作用。

建构主义学习要求学生从以下几个方面发挥主体作用:

第一,要用探索法、发现法去建构数学知识的意义。

第二,要在建构数学意义的过程中,对相关信息和资料要积极主动地去收集和整理,对所学的知识和问题提出各种假设,并通过科学合理的方法对假设进行验证。

第三,要尽量把当前的数学学习内容与以前的经验相联系,并对这种联系进行认真的思考。联系与思考是数学意义建构的关键。如果能将联系与思考的过程和协作学习中的协商过程(交流、讨论的过程)综合起来,那么就会在很大程度上提高建构意义的效率,进而提高学习数学的兴趣。

第四,要注重数学学习基本经验的积累。观察、收集数据、处理数据和信息、使用信息技术、归纳、猜想、验证等正确而良好的学习习惯的建立也是数学学习经验积累的最好方式。

(3)建构主义学习要求教师发挥的指导作用。

建构主义学习要求教师从以下几个方面发挥指导作用:

第一,激发学生的兴趣,帮助学生形成数学学习动机。

第二,按照数学教学的要求创设一个情景,把新旧知识巧妙地联系起来,这样是为了引导学生对当前所学数学知识的意义进行构建。

第三,教师应在尽可能的条件下组织协作学习,并在此过程中对学生加以适当引导,这样是为了让学生向着有利于意义建构的方向发展,最终让学生的数学意义建构更加有效。比如,可以启发学生自己发现规律,纠正错误的、片面的理解。

第四,进行必要的讲授。学生的学习离不开教师的讲授,尤其是有意义的讲授能够起到事半功倍的效果。数学中的很多抽象概念、定理和性质常常以精炼的形式出现,并略去了其形成的过程,也略去了它们形成的现实背景和社会文化环境等,教师应将此充分揭示出来,使学生经历比较、抽象、概括、假设、验证和分化等一系列的概念形成过程,从中学到研究问题和提出概念的思想方法。通过讲授充分揭示概念的形成过程,这也正是学生学好数学的重要前提。

1.4.2　数学建模与当代数学教学改革

1. 数学模型

数学模型是为了实现某一个目的,对现实世界的一个特定对象,根据特有的内在规律,做出一些必要的简化假设,接着会运用一些合适的数学工具,得到的一个数学结构。数学模型用数学符号、公式、图表等刻画客观事物的本质属性与内在规律。数学模型是某种事物系统的某种特征、某种关系的本质的数学表达式,是对研究对象的数学模拟,是一种理想化和抽象化的方法,是科学研究中一种重要的方法。

数学模型主要有三大功能,即解释、判断、预见。其中,预见功能是衡量数学模型的价值与数学方法的效力的最重要的标准,也是三大功能中最重要的。

数学模型有广义和狭义之分。广义的数学模型,包括从现实原型抽象概括出来的一切与数学有关的内容,如概念、公式、定理等。“数学就是对于模式的研究”(A.N·怀特海语)。可以说,整个数学是专门研究数学模型的科学。狭义的数学模型,是将具体问题的基本属性抽象出来成为数学结构的一种近似反映,是那种反映特定的具体实体内在规律性的数学结构。这里我们采用这种狭义的理解。

哥尼斯堡七桥问题是一个数学模型的经典例子,下面我们就它对数学模型进行分析研究。

18 世纪欧洲东普鲁士(现为俄罗斯的加里宁格勒)有个名叫哥尼斯堡的城市,市中有一条河,河中有两个岛,两岸与两岛之间架有七座桥,如图 1-1 所示。

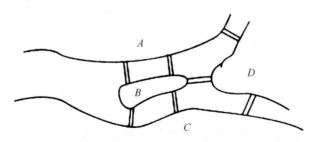

图 1-1　岸、岛、桥分布关系

在当时,存在着这样一个热门问题,即一个散步者怎样才能不重复地走遍所有七座桥并回到原出发点?这个问题表面看起来比较容易,但是很多人经过多次尝试,谁也没有找到问题的答案。当时大数学家欧拉把这个问题抽象成一个一笔画问题(数学模型)。他把四块陆地简化为四个点 A、B、C、D,把七座桥简化为连接四个点间的连线,如图 1-2 所示。

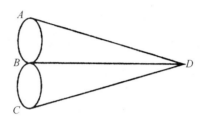

图 1-2　简化后图形

这样问题就转换成从某点出发,能否不重复地把图形一笔画出来的问题。欧拉用奇偶点分析法得出结论:这个图形不可能一笔画出,从而说明七桥问题无解,即一次不重复过七桥不可能。1736 年,欧拉发表了图论的第一篇论文《哥尼斯堡的七座桥》,开创了图论这一组合数学的新分支。这里的一笔画模型,实际上正是图论模型。

2. 数学建模

实际上,数学建模是一个过程,它由对实际问题进行抽象、简化,建立数学模型,求解数学模型,解释验证步骤(必要时循环执行)组成。现在,数学建模已成为国际数学教育中稳定的内容和热点之一。随着新颁发的《国家数学课程标准(实验稿)》对数学应用能力要求的提高,数学建模将在中学数学教学中愈发受到人们的关注。

数学建模的大致过程是对一些实际问题进行解决的过程,是在阅读材料、理解题意的基础上,把实际问题抽象转化为数学问题,然后再用相应的数学知识去解决。在这一过程中,建立数学模型是最关键、最重要的环节,同时也是难点。在此过程中,一般是采用机理分析和统计分析两种方法。机理分析法,是指人们通过对客观事物的特征分析,对其中的内部机理进行探究,把其中的因果关系弄清楚,进而在适当的简化假设下,利用恰当的数学工具对事物特征的数学模型进行阐述。统计分析法,是指通过测试得到一串数据,并对这串数据进行处理,处理过程需要运用数理统计的知识,进而得出数学模型。数学建模的基本程序如图 1-3 所示。

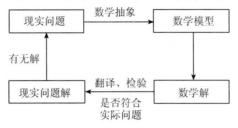

图 1-3　数学建模的基本程序

(1)数学建模题的一般解题步骤。

①阅读、审题:尽量做到把问题的语言简化,提炼关键词语并对其进行深入理解;建议运用表格(或图形)处理数据,以便于数据处理,寻找数量关系。

②建模:将问题简单化、符号化,尽量借鉴标准形式,建立数学关系式。

③合理求解纯数学问题。

④解释并回答实际问题。

学生能体验从实际情景中发展数学的过程是一种对数学建模过程的理解,这样看来,数学教学应该非常重视对学生自主探究能力的培养,着重培养他们动手实践能力,除此之外,还要让他们意识到与他人交流、沟通与合作的重要性,为了提高学生对于数学的理解以及提高他们对数学空间的联想能力和构建能力,要使他们在各种活动中将新旧知识联系起来,思考现实中的数量关系和空间形式。在现实中,学生的数学学习基本上是一种符号化语言与生活实际相结合的学习,只有两者相互结合才能有效培养学生主动构建数学模型的能力。

(2)数学建模教学的具体实施步骤。

首先,让学生动手操作。为了增加学生对于数学的理解以及提高他们的动手操作能力,授课教师可以借助一些辅助工具,举例来说,在进行均分的理解时,可以借助小棒或者圆片等;为探索三角形、四边形规律,可以用小棒搭建若干相应图形。值得注意的是,在实际操作过程中,教师的操作活动要适度、适量,这样是为了能够留给学生一定的想象空间和思维空间,激发他们的数学思维,提高数学能力。

其次,学生可以以小组的形式进行,并对不同的小组分配不同的任务,一般来说,每个小组的人数最好控制在 4～6 人。

再次,鼓励学生合作交流。引导学生进行交流、讨论,并把讨论的结果向小组汇报,各小组之间再进行交流,每个小组可以对其他小组提出建议或者意见,同时,教师也要参与这个过程,与学生一起共同完成数学建模。

最后,学生通过协作来完成任务,教师在必要的时候可以给予指导,但是,教师的主要任务还是监控、分析和调节学生各种能力的发展。

3. 新课程标准下的数学建模教学

(1)《普通高中数学课程标准(实验)》对数学建模教学的要求。

中学数学建模教学,更加看重过程和参与,不要苛求结果的准确。在《普通高中数学课程标准(实验)》中也对数学建模教学提出明确的要求。

第一,在数学建模中,问题是关键。数学建模的问题应是多样的,应来自学生的日常生活、现实世界、其他学科等多方面。同时,解决问题所涉及的知识、思想、方法与高中数学课程内容有联系。

第二,通过数学建模,学生将经历解决实际问题的全过程,并加深对其的了解,从而体验数学与日常生活及其他学科的密切联系,感受数学的实用价值,增强应用意识,进一步提高实践能力。

第三,每一个学生可以根据自己的生活经验发现并提出问题。对同样的问题,可以发挥自己的特长和个性,从不同的角度、层次探索解决的方法,从而获得综合运用知识和方法解决实际问题的经验,发展创新意识。

第四,学生在发现和解决问题的过程中,要学会通过多种手段,如查询资料等获取信息。

第五,学生在数学建模中应采取各种合作方式解决问题,养成与人交流的习惯,并获得良好的情感体验。

第六,高中阶段应该为学生安排至少1次数学建模活动,还应将课内与课外有机地结合起来,把数学建模活动与综合实践活动有机地结合起来。

(2)中学数学建模教学的基本理念。

①数学与人类和自然有着非常紧密的联系,这些都是需要学生进行体会和理解的,进而让学生了解数学的应用价值,培养他们的应用意识,增进他们对数学应用的兴趣和信心,提高他们的应用能力。

②在对现实社会进行观察和分析的过程中,要培养学生运用数学思维的意识,让他们善于运用数学思维去解决日常生活中的问题,进而培养他们勇于探索、勇于创新的科学精神。

③以数学建模为手段,尽量调动学生对数学的学习热情,建立良好的人际关系,学会团结协作。

④以数学建模为载体,让学生获得重要的数学知识、数学活动经验、数学思维

以及数学应用技能,以便让他们更好地适应社会生活。

（3）数学建模环节。

数学建模教学的基本课堂环节是"问题情景—建立模型—解释、应用与拓展",使学生在问题情景中,借助思考、观察、交流、操作、运用等方式,培养重要的现代数学观念,构建数学思维,掌握数学方法,强化数学运用意识。这种教学模式要求教师以建模的视角来对待和处理教学内容,紧密结合基础数学知识,使之与"具体—抽象—具体"的认识规律相符合。

数学建模的五个基本环节包括以下几个方面:

①构建问题情景,激发求知欲;

②抽象概括,建立模型,导入学习课题;

③研究模型,形成数学知识;

④解决实际应用问题,品尝成功的果实;

⑤归纳总结,深化目标。

一般来说,中学数学建模教学的方式有以下几点:

①从课本中的数学出发,注重对课本原题的改变;

②从生活中的数学问题出发,强化应用意识;

③从社会热点问题出发,介绍建模方法;

④通过数学实践活动或游戏,培养学生的应用意识,提高学生的数学建模能力;

⑤通过从其他学科中选择应用题,使学生掌握一些应用数学工具,并应用这些工具来解决一些学科难题;

⑥探究数学应用于跨学科的综合应用题,培养学生的综合能力和创新能力,提高学生的综合素质。

（4）让学生参与数学建模的全过程。

通过有计划、有步骤地组织学生开展数学建模活动,可以使学生在数学建模活动的全过程中迅速掌握数学建模的一般步骤。

①模型准备阶段。

在这个阶段要求学生对一些问题的实际背景进行了解,并对相关的问题进行探究,及时并虚心向有关方面的专家能人请教疑难问题,掌握第一手资料,对问题的运动变化情况进行联想,用非形式语言(自然语言)对联想的情况进行阐述,对描述问题的变量及相互关系进行初步的确定。

②模型假设阶段。

这个阶段要求学生对问题具有简化的能力,提炼关键词语,并用精确的数学语言表达出来,提出假设,要有辨别问题主次的能力,抓主要因素,舍弃次要因素,尽可能做到将问题均匀化、线性化。

③模型建立阶段。

要求学生根据假设,利用适当的数学工具将各变量之间的关系刻画出来,建立相应的数学结构(公式、表格、图形等),并尽量采用简单的数学工具,以便得到的模型被更多的人了解和使用。

④模型求解阶段。

要求学生根据采用的数学工具,对模型包括解方程、图解、逻辑推理、定理证明、稳定性讨论等求解。要求学生掌握相应的数学知识,尤其是计算机技术、计算技巧。

⑤模型分析阶段。

在这个阶段要求学生运用数学思维对模型的求解结果进行数学上的分析,除此之外,还要有根据问题的性质分析各变量之间的依赖关系或稳定状态的能力,根据所得结果给出数学上的预测,并对数学上的最优决策或控制等进行讨论和分析。

⑥模型检验阶段。

要求学生将对模型分析的结果"翻译"回到实际对象中,用实际现象、数据等检验模型的正确性。如果发现检验结果不理想,则要求学生去弄清原因,揭露出隐蔽的错误或求解失误,必要时应该修改或补充假设,重新建模,最后求得一个可用的结果。

第 2 章　数学课程与数学教学

数学课程在学校课程体系中占重要地位,而数学教学则是一门艺术,良好的数学课堂教学氛围的构建属于艺术的范畴。使学生在学习数学时处于活泼、具象的氛围里,从而取得更良好的效果。本章研究的内容包括数学课程概念辨析及其影响因素、数学课程设计、数学教学过程与模式、数学教学设计。

2.1　数学课程概念辨析及其影响因素

2.1.1　数学课程概念辨析

1.课程概念辨析

到目前为止,课程定义很多,几乎每个人都有自己的界定。如果将不同的课程概念加以分类,基本上能够出现下列几类:

(1)课程指的是教学科目。比如六艺,即礼、乐、射、御、书、数,涵盖了中国古代的所有课程。又如七艺,即文法、修辞、辩证法、算术、几何、音乐、天文学,则是欧洲中世纪课程的全部。中外均将课程与教学科目相提并论。欧美国家学校即以七艺为基础不断增添别的科目,逐渐建立起现代学校课程体系的。我国很多与教育学有关的著作均指出,课程与学科等同,有时指学生学习的所有科目,有时指其学习的一个科目。

(2)课程指的是希望获得的学习成果。美国的很多课程理论均认可此概念。部分学者强调,不能将课程与活动联系在一起,而必须对希望获得的学习成果或目的加以重视,即应该聚焦于目标,而不是方法。在这种情况下,课程必须在实施前设置系统的,架构清晰、层次明确的学习目标,一切教学实践的目的均为实现这些学习目标。

(3)课程指的是安排周密的教学实践。这一概念将教学的领域、进展与层次,甚至将教学形式与教学规划,也就是将一切有安排的教学实践组织起来,想对课程产生一个相对具体的认知。相对而言,该定义考虑较为周全。

(4)课程指的是学习经验。将课程与学习经验相等同,目的是对学生真正的学习成果进行全面的了解。经验是学生在思索自身的学习实践的过程中产生的。而所谓课程,指的是学生感受到的道理,而与学生重现的结果或学生示范的行为无关。虽然经验必须依靠实践才可以得到,但是实践自身并不是最重要的,由于每个学生均具有自身的特点,其在相同的实践里收获的经验有很大的差异。所以,学生的学习成果与教师的教学关联并不密切,而是与他自己做了什么有关。即只有学习经验才是学生真正体会到的或学习到的课程。聚焦个体,而不是教材是该课程概念的中心思想。

(5)课程指的是社会改造。有一些教育家认为,课程是要帮助学生摆脱现在社会制度的束缚,而不是使学生适应或者顺从社会文化。所以有人提出"学校要敢于构建一种全新的社会秩序"的目标。其指出,课程要着眼于目前社会的缺陷、社会矛盾以及学生关注的社会情势等领域,使学生依靠社会参与进行社会规划与开展社会活动的能力得到进一步增强。学校课程必须引导学生进行独立思考,形成自己的世界观,让学生产生批判思想。

(6)课程指的是社会文化的再生产。一些学者强调,事实上,存在于一种社会文化里的所有课程均体现了该社会文化。对有利于后代的知识技术进行再生产,是学校教育的根本任务。国家相关部门按照现实要求对教学内容进行规范,教师的使命为思索怎样将其转变为能够传授给学生的课程。此概念建立在下列条件上:社会是个体产生与发展的基础,个体社会化为教育的重要目的。课程必须对诸多社会要求加以体现,从而使学生可以符合社会的要求。由此可知此课程概念的本质为让学生满足当前社会结构的要求,进而让课程聚焦于社会,而不是教材与学生。

虽然以上不同的课程概念在多个方面触及课程的部分本质,但是也均有不足。人们目前普遍认同的是课程计划、课程标准和教材构成了课程的主要内容,也将研究焦点放在三个方面:其一,"学科"说,即将课程分为广义的课程和狭义的课程。广义的课程指所有学科的总和,狭义的课程指一门具体的学科。其二,"进程"说,也就是课程指的是学科有组织、有目标的教学历程,不但涵盖教学内容、教学时间与次数设置,而且涵盖学生应该具备的知识、技术、修养等的具体目标。其三,"总和"说,即将列入教学计划的各个具体学科和它们在教学计划中的地位、开设顺序等总称为课程。它有三个标准:计划的课程、实施的课程和获得的课程。

2. 数学课程及其主要研究内容

数学课程是学校课程体系的一个组成部分,是完成整体课程任务、实现学生全面发展的一个重要方面,是学生在学校教育中获得的数学的知识、思想、技能、能力、方法、情感以及与之相关的全部经验。数学课程几个重要研究问题如下:

(1)数学课程目标确定。依据国家教育方针,分析国家教育目标,确定数学课程目标。

(2)数学课程内容选取。依据数学课程目标,分析影响数学教育的因素,主要包括数学学科、社会发展、学生发展,特别是学生发展和社会发展对数学的需求,选择和确定数学课程内容。

(3)数学课程内容组织。什么时候学习什么数学内容有利于学生身心发展,有利于学生系统掌握数学知识;如何组织教学材料,将材料以什么形式呈现给不同年龄、不同区域的学生,这些问题本质上都是数学课程内容组织问题。

(4)数学课程实施。数学课堂教学是数学课程实施主要途径,当然也包括相关的教育行政部门和有关的教育管理人员领导、组织和管理数学课程实施。

(5)数学课程评价。针对数学课程目标,依据现行数学课程,研究数学课程评价的方式和方法,编制测量工具,对数学课程进行科学的评价,不断提高数学课程质量,并为未来数学课程的设计和发展提供依据。

(6)数学课程资源开发。数学课程资源是指形成数学课程的要素来源以及实施数学课程的必要的、直接的条件。按照时代发展的要求,广大数学教师应成为数学课程资源的开发者,要挖掘深层的知识和数学思想方法,要充分利用各种教学资源,从而避免造成数学课程资源流失。

2.1.2　数学课程的影响因素

社会、数学、学生是数学课程目标确定、数学课程内容选择、数学课程内容编排、数学课程资源开发、数学课程具体实施、数学课程评价的依据,同样表现为数学课程的制约因素。

1. 社会

数学常常被人们看成一门"中性"的学科,超然于政治、社会之外的学科,其原因是它具有抽象化、形式化、符号化的基本特征。然而实际上,不管数学多么抽象,它都不可能游离于社会之外,其原因为:其一,研究数学的人他就处于这个社会之中,肯定受到社会诸多因素影响;其二,数学在相当程度上就是对社会现象的抽象和提炼。

数学课程更是在其存在之时就与社会结下不解之缘,首先是因为数学课程作为学校教育不可缺少的一个组成部分,其必然承载着学校教育所承担的社会职责,更由于数学课程的改革发展和价值追求必须与社会的发展和需要一致时才能实现。豪森在分析和评价 20 世纪六七十年代的数学课程改革运动并展望未来课程发展前景时,采取了"将数学课程发展放在历史的,以及更普遍的社会的、教育的背景中去加以考察"的研究立场。此研究立场紧紧抓住了数学课程发展的社会背景和社会基础,无疑是正确的、科学的。

(1)社会与数学课程之间的关系。

社会与数学课程之间的关系主要有两个基本观点:第一,对数学课程而言,社会发展发挥着决定性影响。首先,社会发展对数学课程必须具备的时代特色与价值理念发挥着表面的或潜在的决定性影响,其为数学课程标准设置,数学课程内容安排的基础。此外,社会发展对数学课程的决定性作用还表现为社会发展需要常常成为数学课程改革的直接动力,此点已被数学课程发展历史所证明,并且在当前各国数学课程改革方案中得以鲜明体现。第二,数学课程对社会发展的适应是能动的,数学课程应该通过有效的设计和实施主动服务社会,促进社会发展。人类已经进入了信息化社会,数学与人类生活和社会发展更加紧密地联系在一起,与人类理性思维和社会文明更加紧密地联系在一起。数学课程所担当的社会责任、所蕴含的价值内涵应该从对社会需求的一般性适应向积极地服务社会转变,并且前瞻性地为社会未来发展需求做好积极准备。

(2)社会发展需求对数学课程的影响。

①科学技术进步的要求。科学技术发展对数学的影响主要表现在如下两个方面:一方面,它改变了人们对数学知识和数学方法的需求。比如,目前由于信息技术广泛运用,人们广泛采用数学实验方法,数学的技术性特征也就随之显现出来。另一方面,科学技术发展又不断地向数学提出了更高的要求,数学化的手段在各种高新科学技术的发展中发挥着越来越重要的作用,因此人们认为,高科技本质上就

是一种数学技术。这两方面的影响都要在数学课程中体现出来。

②社会生产发展的要求。数学教育的发展史已表明,数学课程的产生和发展总是伴随着社会生产力的发展水平同步进行的。

③教育自身发展的要求。从教育自身发展看,满足并且促进社会的需求与发展是教育的客观规律之一,教育发展的要求在实质上体现着社会发展的要求。国家制定的教育法规、国家发布的教育方针、国家规范的办学方向、社会定位的培养目标等都直接影响着数学课程的目标、内容和结构。

④社会文化传统的影响。社会文化传统是一种历史的积淀,其必然具有社会传承性。这种社会传承性既伴随着数学课程的发展,也影响着数学课程的发展。充分认识社会文化传统对数学课程的影响,既有利于继承和发展本国的数学课程传统,同样也有利于在不同社会文化传统背景下开展数学课程比较研究。当前,有关数学课程的社会文化研究已引起了人们的重现。比如,在国际范围内受到关注的"民俗数学"就是具有地域特征、民族特征及一定文化传统特征的数学。近几年来,我国也有一批学者开展了基于中国文化传统的数学课程研究,主要涉及中国传统数学教育观、科举考试文化、寻找东西方数学教育的平衡点,东亚数学教育的特征、变式教学等。

(3)社会因素对数学课程及其设计的影响。

社会因素对数学课程及其设计的影响首先体现在数学课程目标上,也主要体现在数学课程目标上。因社会因素的多样性,其对数学课程目标的影响比较复杂。英国学者欧内斯特认为,不同的数学教育目标体现着不同的社会集团的需要和利益,从此角度出发,他根据英国数学课程改革发展的历史和现状,对社会各利益群体的数学教育目的观进行了系统分析,认为可分为三种数学教育目的,而这又分别与三个不同的社会集团——教育家及教育工作者、数学家或数学共同体、企业和社会界的代表——的利益直接对应,即①数学主要着眼于教授数学知识,期盼依靠将数学这门专业知识教授给学生,实现推动数学发展的目标;②人本主义的目的,指通过数学教育促进人的充分发展,尤其是创新能力和理性思想的充分发展;③实用主义聚焦于增强实用性突出的数学能力。他对不同的数学教育目的观的背景分析也是以社会的来源和影响为依据的。例如他在分析"大众教育派"的数学教育目的时指出:大众教育观的目的在于通过判断性数学思维,增强公民义务责任感和大众的民主意识。

认识社会因素对数学课程及其设计的影响,更加重要的是应立足于社会发展的时代特征,并且把握其和数学课程所形成的新关系。现今社会是知识型社会、信息化社会、学习型社会,社会与教育的关系变得更加紧密,数学课程与社会及人的发展的联系变得更加紧密。社会对数学课程的育人价值提出了更高的要求,这些要求既体现在数学课程的宏观或中观目标中,更需要转化为数学课程组织与实施的微观目标中,即社会发展因素全方位地影响着数学课程及其设计。

2. 数学

知识为任何一门课程的基本载体,即知识是课程的原生性来源,那么数学课程的原生性来源就是数学,然而实际上数学课程并不等同于数学。

(1)作为学科的数学和作为科学的数学。

作为学科的数学并不等同于数学,其原因在于数学课程除了数学内容之外,还包括课程目标、课程实施、课程管理、课程评价等非数学的结构要素。实际上,还可从两者的主要区分点去认识:①知识范围的差异。作为学科的数学只能是作为科学的数学的一部分。②选择标准的差异。数学是一门学科,其必须遵循课程任务,选择应该以学生学习的适应性与意义为依据,同时,数学也是一门科学,其必须遵循数学自身的逻辑体系与科学价值。③层次的差异。比如,在严格性与抽象性标准方面具备很大的区别。④内容架构,呈现形式的差异。知识氛围、现实条件以及恰当的形式化是数学作为一门学科关注的焦点,重视体系,推崇形式化是数学作为一门科学的特点。

澄清两方面的不同是为了对这两方面进行更准确地掌握。作为学科的数学与作为科学的数学仅在范畴、呈现方式、架构以及层次方面有区别,在数学本质上是一致的。我们也可这样来认识,作为学科的数学是来源于作为科学的数学的,并且数学课程的演变是受制于数学科学的发展的。作为学科的数学就承担起了一种责任:作为学校知识体系的一门主要科目,其是数学学习实践的一种知识材料,必须指导学生依靠学习数学知识慢慢把握数学的实质,了解数学的意义。

(2)数学对数学课程及其设计的影响。

①数学观的变化对数学课程观的影响。数学观表现为对数学本质的一种基本认识和态度。数学在发展过程中自身特征也产生了一些新的变化,同时人们认识数学本质的角度也有所增多,因此数学观也就逐渐丰富起来。人们的数学观也发生了新变化,即从把数学简单地等同于无可怀疑的知识汇集的静态的绝对主义数学观向一种动态的经验和拟经验的数学观转变,即把数学看成是一个含有实验、试误、猜想、证明等多种活动,并依据个体和群体共同努力实施的社会过程。伴随着数学在现代社会中应用价值的扩展及计算机的使用,数学本质特征的表现日趋多

元化。通过对教师、学生数学观的调查从而发现,人们在数学观上存在片面性和狭隘性,以及因此而形成的数学教育的诸多误区。有正确的数学观,才会有正确的数学课程观,数学课程设计应以现代数学观为指导,确立与之相适应的数学课程目标。

②数学的价值取向直接制约着数学课程的价值取向。在数学教学中,虽然数学课程的价值取向还带有若干功利主义的倾向,但是从数学与数学课程之间的辩证关系出发,应该把数学课程的价值取向回归于数学价值的本原,也就是说,数学课程应充分地反映数学应具有的教育价值、社会价值和科学价值,数学课程在设计时必须把握此方向。

③数学的发展及其内容体系为选择和确定数学课程内容提供了依据。在前面分析中曾指出数学为数学课程内容提供具体素材,数学的发展状况及其在社会中的地位和价值通常成为"在学校中到底教给学生什么样的数学"该问题的思考基础。数学给予数学课程内容的材料,不但涵盖源于其不同分支的符合学生发展要求的静态基础知识,而且涵盖科学的数学思考方式、数学实践及其过程以及数学的态度与精神。

(3)数学与数学课程关系的若干代表性观点。

苏联数学教育家斯托利亚尔认为,数学课程要受到现代数学的影响,然而并不等于在中学教现代数学。数学教育现代化指的是教学理念符合现代数学的要求,也就是将现代数学理念、语言及手段运用到中学数学教学中去。

英国学者欧内斯特从数学哲学和数学教育哲学的角度剖析了数学观对数学课程的影响。人们若对作为一种社会建构,数学是可误的观点加以肯定,那么数学就是一个探索与认知的历程,是人们持续创新的领域,是不断发展的产物,该数学理念具有动态性,其推动了数学教育的发展。

荷兰著名数学教育家弗赖登塔尔指出,学生要在学习中实现数学化,也就是对真实世界进行数学化的设置,数学教育必须通过数学化来进行。此外,他还提出了"数学结构的教学现象学"观点,主张从数学发生发展的深刻背景探索人类的认知过程,尤其是教学过程中概念形成与获得的规律。

张奠宙强调,数学教学的重要任务为推动数学知识的学术形态向教育形态转变,转变路径包括以下几个方面:对教材形式化的呈现次序进行调整;利用典型事例与具体实践引导学生对数学的探索;对数学的内在联系进行深入挖掘;基于数学理念与手段推动教学形态的产生。

张景中院士提出了"教育数学"这一新概念。他认为,数学教育要靠数学科学提供素材,对素材进行教学法的加工使之形成教材;而教育数学则是为了教育的要求,必须创新地梳理各种数学研究成果,进而形成与教学法相对应的数学材料,这一般以数学的发展为基础。即数学的知识要成为数学课程的知识,单纯靠教学法的加工是不够的,还必须在它们之间架设教育数学这一桥梁,它本身是对数学的再创造。

3.学生

数学课程设计必须紧扣学生这个主体,要使学生在课程教学下实现个性发展、实现全面发展,学生与数学课程的关系就建立在一个更本质的联系上。从此角度看,学生对数学课程的制约作用主要体现在:

(1)数学课程设计与组织的本体性依据为满足并促进学生的发展,其为数学课程的首要目标。长久以来,鉴于自身的特性,数学课程对形式推理、逻辑结构以及技能训练极为关注,并且由于其在考试中所占的比重非常大,因此,它的基本目标长期设定为单纯的解题技能的训练,但是该数学课程观及数学课程实践在数学教育改革历史进程中,已经被证明行不通,它只能对数学教育的各方面产生消极影响,因此需要摒弃这种观点。

(2)数学课程的组织与实施必须建立在学生身心发展的基础上。这反映在以下两个方面:其一,数学课程应该符合学生的心理需求,在制定课程目标,设置课程内容与体系的过程中,均必须对学生具备的心理素质与认知特点进行深入研究;其二,数学课程必须能够推动学生心理素质的提升,具体表现为,不但应该推动智力水平的提升,而且应该推动涵盖非智力要素的学生身心的整体进步。

数学课程应该符合学生的心理需求,并推动学生心理素质的提升,这一理念使人们聚焦于数学学习心理的探索。数学学习心理的探索在20世纪经历了从行为主义到认知主义的发展历程,如今以建构主义为核心的众多的学习理论已就数学学习心理规律的探索建立了丰富的理论基础。"数学学习心理研究更深入地走向对数学课程学习的具体活动的研究层面,如关于数学概念学习的认知机制、数学理解的内部机制与过程、数学思维的结构与特征、数学证明的认知结构等",此类探索让人们可以在数学学习的各种实践中对数学学习心理规则进行深入了解,是对数学课程与学生关系的更深层次的研究。

(3)将学生发展贯穿于数学课程的始终。按照这一理念,学生成为数学课程的起点与最终目的,学生发展变成数学课程的中心、基本任务以及发展主线,同时发挥着协调社会与数学关系的功能。

综上所述,社会、数学、学生均为数学课程的制约因素,它们从在不同的层面、不同的角度影响着数学课程。在数学课程发展过程中,不能只去考虑某一个要素,如果数学课程仅对单一要素加以重视,数学教育的目标就不能完成,只有对所有要素进行统一协调,符合时代潮流的数学课程才能形成。

2.2 数学课程设计

2.2.1 课程设计的含义与设计模式

1. 课程设计的含义

把课程内容和课程目标转化为具体的分科课程标准、课程计划、教材为课程设计的任务。如果没有了课程设计,那么就不能把理论上设想的内容与目标转化成具体可行的课程,所以不能实现课程目标或教育目的,从而导致课程建设落空。

课程设计为一理论研究过程,其原因为其从各门教育科学专家或课程研究人员的角度来阐述制订课程计划的一般方法和原理,同时也涉及分科课程标准和教材编写的一些理论。十分显然,其内容属于应用理论和技术理论。课程设计为一实践过程,其原因为它要涉及实验、编辑、审定、评价学校课程的全过程,是一个产生课程文件的过程。我们把课程设计看作课程的基本理论向课程实践转化的桥梁。

不同的国家对课程设计有不同的解释。最狭义的理解为制定某个学程的具体过程,对于广义上的理解则是包含的范围比较大,其几乎涉及所有形式的课程变化。相对来说折中的理解是:"课程设计是指那些经过精心计划的活动,通过这些活动,设计出各种学程或教育活动方式,并将它们提供给教育机构中的人们,以此作为进行教育的方案。"通常来说,课程设计是指决定课程的组织方式、结构或形态的有计划、有目的的活动。

课程设计是在两个层面的基础上进行的,第一,理论基础,具体来说是指必须以学生、学科、社会为基点,来产生均衡的课程;第二,方法技术,就是指遵循理论基础对课程各要素,如内容、目标、组织、评价等做出安排。

2. 两种基本的课程设计模式

根据课程设计所围绕的不同核心来区分课程模式,则可将课程设计模式大致归纳为如下两类:

(1)以过程为核心的课程设计模式。此模式非常注重过程本身的教育价值,提倡在教育过程中要留给学生足够的空间,并看重在教育过程中教师与学生的交互作用。在《课程研究与开发导论》一书中,其核心观点是,课程开发的任务是对活动内容进行选择,构建关于学科的概念、过程、标准等知识形式的课程,同时提供实施的"过程原则"。

(2)以目标为核心的课程设计模式。这种模式将课程的目标作为课程设计的核心和基础。在《课程与教学的基本原理》一书中,总结概括了课程设计的基本课题:①如何评价这些目标正在得到实现;②如何有效组织这些教育经验;③如何选择有助于实现目标的教育经验;④学校应该试图达到什么教育目标。

现代课程设计论中有不同模式的课程设计,尽管其在处理问题的方式上有所差异,但是都围绕由以上方面所归纳出的目标、内容、组织、评价这四个基本问题进行。

2.2.2 数学课程的设计方法

1. 结构主义方法

其代表人物是布鲁纳和第纳斯,这种方法"把心理上获得数学过程和结构作为课程的基础"。

根据布鲁纳的"学科结构"理论来分析,认知结构是指已经获得的概念和思维能力的组合,认知结构就对应于科学结构,其中蕴含了所有的概念和过程的实质。尽管这些结构是比较复杂的,但是它的传递可以在认识水平不高的情况下进行,进而推动学生的认知过程的发展。

布鲁纳对这种进展方法进行描述时使用的是"螺旋式课程"。在认知的较低阶段,数学对象是学生凭借其环境经验发现的,伴随着分析的思维逐步发展,并以公理方法来分析和解释结构。另外螺旋式课程同时也保证同一对象循环地在更高的认知水平下重新得到处理。结构主义方法还提倡发现法的学习,强调通过探索去发现、获得知识的结构。第纳斯所提出的"数学学习过程的六个阶段"就反映出结构主义螺旋式课程的特征。下面我们给出这六个阶段从低水平到高水平分别为：自由活动；游戏；探究共性；复现；符号语言；公理化。

结构主义方法学者，既重视学科规律和结构，又重视学生的认知规律和结构，能够在一定程度上令人信服地说明人们认识的发展过程，该方法对我国数学课程建设与教学研究产生十分重要的影响。然而是否所有学科结构都可教给任何年级的学生，那么学生又是否能够正确地认识学科结构。事实上，结构主义方法组编的数学教材，在实践过程中遇到很多困难。结构主义采取不信任的态度进行评价，自认为其编写的教材具有内在价值，所以很少接受全面的评价，某些结构主义学者的主观态度在某种程度上阻碍了课程的改革。

2. 形成式的方法

该设计方法是以下面两点假设为基础的：①对于每一个学校来说，其教育目标应该给予学生良好的基本认知能力、动机、态度、情感；②这些因素可以用个性品质来描绘，这些品质包括创造智力、行为动机、能力等因素。

个体学习中概念形成过程的研究是形成式的方法所重视的，该方面的典型代表为皮亚杰。他通过考察儿童的数字概念形成过程，发现这些概念是通过对具体对象进行抽象的操作活动图式的内化而形成的，他把从具体运算到逻辑运算的多种不同阶段的抽象，称为多种"运算智力水平"。由于具体运算水平作为开始阶段必须基于对现实对象的操作，因此该方法强调让儿童经历现实活动的情境，从而没有定式、具有开放性就成了课程单元的部分特征。

基于形成式的设计方法的课程方案比较有代表性的有英国的纳菲尔德方案和美国的麦迪逊方案等。形成主义方法是在结构主义方法的基础上分离出来的，两者相比，相同之处在于都重视学科结构和学生认知结构的协调统一。但是形成主义方法论者更加注重帮助学生形成合理的数学能力结构，通过课程、实验的设计、教法，促进学生数学能力的发展。

3. 整体化方法

整体化方法与形成式方法的认知理论基础是一样的，只不过是其范围不仅局限于方法的范围，还包括内容问题，其出发点是学生的兴趣和需要，其目标是展示学生的个性。在设计方法方面，通常是以问题的要求为根本点，把一些相关联的学科结合在一起进行设计。对于数学而言，其主要作用是数学化，通过构建实际问题的数学模型，把数学体系放置在实际情境中，这样能巧妙地把抽象的数学问题实际化,有助于学生的理解。

4. 新数学方法

该方法被认为"布尔巴基学派工作的一个间接的副产品"。法国布尔巴基学派的基本原则是在处理和研究数学问题时,运用"结构"概念和思想,使用的方法是公理化方法。对数学课程的影响主要体现在内容的选择与处理上。例如小学以集合论引入数,并强调结合律、分配律、交换律等结构侧面,主张在中学抛弃三角、欧几里得几何,代之以计算机、统计、概率,削弱数学的计算技能与应用,强调逻辑推理与证明等等。

5. 行为主义方法

行为主义心理理论是这种方法的基础和依据,用"刺激—反应"模式对学习的过程进行阐释,在它看来,学习过程的成果可以转化成可通过眼睛查看到的行为变化,因此,在学习过程中,对行为变化的要求是由学习目标所决定的,学习过程是否是成功的,可以通过行为变化来检验。

行为主义模式很重视通过行为目标的分类来把握学习的目标。豪森列举了行为主义学派的倡导者之一加涅在《学习的条件》(第 2 版)中对人的学习的分类,即由简到繁、由低到高地排成一个层级:①信号学习;②"刺激—反应"学习;③连锁学习;④言语联想;⑤识别学习;⑥概念学习;⑦法则学习;⑧解决问题。

行为主义方法有利于简单运算、技能的培养,利于对教学目标的分析,能与计算机辅助教学相结合。然而行为主义把教学的过程看成机械的"刺激—反应"的过程,从而忽视了学习过程是复杂的思维活动和人们相互交流的过程,这种"刺激—反应"的机械方法,对培养创造性的人才极其不利。

行为主义方法过去且目前仍然在数学教学领域、数学教育中有较大的影响。然而,在数学教学中,需要有一定程度的基本训练,但是更要强调对算理、算法的理解与应用,重视数学思想方法在思维能力形成中的作用。

第 2 章　数学课程与数学教学

2.3　数学教学过程与模式

2.3.1　数学教学过程

数学教学实践中一系列问题如何解决和解决得好不好,都取决于对教学过程及其构成要素的认识和理解。

1. 数学教学过程的内涵

站在不同的视角,对教学过程有不同的阐释。从认识论的角度来看,教学过程是指学生在数学教师指导下,从不知到知、从知之较少到知之较多,逐步掌握知识的历程;以心理学为出发点,教学过程为促进学生身心整体进步的历程;以社会学为出发点,教学过程为师生彼此互动、一起进步的活动历程,等等。

概括起来,数学教学过程就是指数学教师组织和引导学生,系统地学习和掌握数学知识,进行积极的思维活动,形成良好的认识与发展相统一的育人过程。从结构上看,它是一个由教师、学生、教学目标、教学内容、教学手段、教学评估等组成的多维结构;从性质而言,其为师生共同参加、彼此促进,目标清晰、计划明确的认知与互动的数学实践历程;从功能而言,其为一个育人历程,发挥着传播数学知识,产生数学技巧,培育数学能力,推动个性养成的作用。

2. 数学教学过程的要素分析

数学教学过程是由多种因素构成的一个复杂系统。主要因素是:教师、学生、教学目的、教学内容、教学方法、教学环境、教学评价。这七个要素制约着数学教学过程能否顺利开展,影响着数学教学的进程。

(1)由谁在组织? 是教师。数学教师是"数学知识的源泉"、"伦理的化身"、"社会价值的代表"。此职业特点表明,数学教师是数学教学目标的执行者、数学知识的传播者、学生学习数学的合作者、数学教学过程的组织者、引导者和调控者。虽然无人指导,人们也可以进行学习,自学成才的数学家也很多,但这种自我进行的学习本质上不属于数学教学活动。

· 41 ·

(2)教学为谁而组织的？是学生。没有学生就没有组织数学教学活动的必要与可能。在数学教学中,学生既是教学的客体,又是学习的主体,是教学效果和教学质量的体现者。

(3)依据什么进行教学？是数学教学目标。数学教学目标从学校教育目的到数学课程教育目的、再到课堂教学目标形成了一个完整的体系。它决定着数学教学的方向及教学的质和量,是评价教学效果的标准,最终落实到学生身上。

(4)凭什么去完成？是数学教学内容。数学教学内容是体现培养目标和实现培养目标的主要因素。它是师生活动的载体,是教师引导学生学习的客观依据和信息源泉,是教学过程中教师和学生、学生和学生发生相互作用的中介。

(5)怎样去进行教学？是数学教学方法。数学教学方法是连接沟通数学教学诸要素的桥梁和媒介。教学方法是教师将知识信息有效地传授给学生,实现教学目标、改善教学效果的重要因素。教师根据具体的数学教学内容、教学环境、学生的身心发展水平和认知水平灵活地选用教学方法。

(6)在什么条件下开展？是教学环境。任何数学教学活动都必须在一定的环境下进行。教学环境限制或促进教师的教育期望和实际做法的转变。尽管教师所持的数学观及教学观不尽相同,但同一个学校的教师往往开展类似的课堂教学。此环境包括有形和无形两种。有形的教学环境包括教室的设备和布置是否齐全、合理等,无形的教学环境包括师生之间、生生之间的人际关系等。课堂中存在领导与被领导、纪律与自由、竞争与合作、鼓励与惩罚等关系,这些都影响着数学教学活动。

(7)开展得如何？是通过数学教学评价。它是检验数学教学效果和数学教学成果的要素。对学生学习数学的过程与成效进行整体把握,提升学生的学习兴趣以及促进教师教学的进步是数学教学评价的根本目标。评价反映学生素质的变化状况,反映数学教学活动是否能前进的依据。

数学教学过程的各个要素相互依存、相互作用、相互制约,形成一条完整的教学链。数学教学过程的效率不仅取决于单个构成要素的水平,而且取决于各要素之间动态组合形成的"合力"水平。在实际的数学教学活动中,数学教师必须善于全面地把握诸要素,处理好各要素之间的关系。只有当各要素都最大限度地发挥其功能时,才能实现数学教学过程的最优化(见图 2-1)。

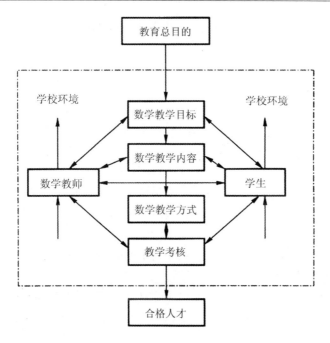

图 2-1 数学教学过程诸要素关系示意图

2.3.2 基本的数学教学模式

1. 讲授教学模式

讲授教学模式在中国数学教学领域里始终处于非常重要的地位。人们又将其称作"讲解—接受"模式。所谓讲授模式,指的是教师依靠讲解,将知识传递给学生,使学生的能力得以提升,学生凭借听讲对新知识加以掌握,提升自身能力的教学模式。虽然该模式将教师讲授置于重要地位,然而其也鼓励教师引导学生开展各种课堂练习,同时鼓励利用多媒体等工具进行课堂教学,只是这些活动必须服务于教师的讲解,未使讲解的方式发生根本性的转变。组织教学、引入新课、讲授新课、巩固练习、小结与布置作业为讲授模式的重要组成部分。

在教学过程中,教师处于核心位置,对整个教学的发展起着掌握作用,此为该教学模式的鲜明特征。倘若教师认真备课,对教学内容进行从易到难、从具象至抽象的安排,按步骤进行教学,对学生可能出现的问题进行预测,对相应的解答方法进行准备,课堂教学过程中可以成功地引导学生,同时可以通过标准的语言将教学内容传递给学生，就可以实现理想的教学成效。讲授模式在逻辑性、综合性突出以及相对不熟悉的领域可以发挥重要作用，可以在相对少的时间里将很多知识灌输给学生。

常有人认为教师讲授是一种机械学习，而不是有意义学习，这样来看待讲授模式是片面的。不管是接受学习还是发现学习均有机械与有意义之分，这是由学习发生的条件所决定的。奥苏伯尔认为，有意义学习的发生有两个前提条件：其一，学习者表现出一种意义学习的心向，即愿意把新知识与他（她）已了解的知识形成自然而然的、现实的关联；其二，对学生而言，学习任务拥有隐藏价值，也就是说学习任务可以基于特定的与一字一句和学生的知识架构产生关联。因此，教师在使用教授模式时，若能将潜在意义的学习材料同学生已有的认知结构联系起来，并且学生也已具备有意义的学习心向，那么，教师的讲授就是有意义的讲授，而学生的学习也是有意义的学习。

相较于别的教学模式，讲授模式更加简单有效，然而其在运用过程中也存在一定的制约因素。青年教师因为缺乏教学经验，对于学生产生的问题及其原因并不能够进行全面的了解，因此会缺乏讲解的针对性。同时，教师的讲解是否具备价值还取决于学生的学习心理与认识。大部分学生没有脱离具体演算时期，虽然能通过定义掌握概念，有意义的理解用言语及其符号表达的命题，但由于他们的认知结构中缺乏很抽象的概念和处理概念之间相互关系的术语，因此，为了缓解感性认知的缺乏，教师在讲解过程中依然要运用教具与学具。当学生处于形式运算时期后，大部分学生均可以凭借对抽象定义间的关系进行直接把握认知新定义，形成新命题，此时，教师的讲授模式就更为可行了。

奥苏伯尔认为，在绝大多数学术性的学科中，学生主要是通过对呈现的概念、原理及事实信息的有意义接受学习获得知识。因此，讲授模式是一种最基本的教学模式，在采用讲授模式时要与其他的教学模式合理的搭配，以求最佳教学效果。

2. 启发讨论教学模式

启发讨论模式的历史非常悠久，孔子是我国古代杰出的教育家，苏格拉底是古希腊著名的哲学家，他们同学生的讨论，均属于讨论的范畴，然而在讨论方式方面有很大的差异。尽管讨论均以"问题"为中心，但是部分问题由教师提出，部分问题由学生给出，部分则是于讨论中形成的。

启发讨论模式对于数学教学来说，符合教师引导所有学生探索既定目标的状况。例如，界定一个概念、概括一个论点、解答一个具体疑问等。在该模式里，教师放弃了知识与信息的主导地位，其以特定主题为中心引导学生思考，安排学生开展讨论。学生不再像以前一样仅仅记忆教师讲课的内容,而是通过平等的讨论自觉形成对意义的认知。启发讨论模式在培养学生独立思维、把握科学探索的思考程序和体会探索产生的愉悦等方面发挥着积极的作用。

启发讨论教学模式的运行过程包括下列几个方面:其一,将讨论的问题提出来;其二,倘若该问题还没有实现数学化,那么就必须进行数学化,同时于需要的时候阐释该问题;其三,教师开展讨论应该具备启示性,引导学生构建讨论与思辨的氛围,应该迅速支持超越设想的结论,同时努力学习;其四,对学生对讨论中问题的支持程度进行整体把握,问题得到完美解决后,让学生对经验与不足进行归纳,同时评估给出的各种意见,从而积累经验。

学生无法掌握主题,甚至脱离主题的状况在启发讨论模式运用时,经常出现,这导致无法实现预定的目标,甚至形成僵持的状况。倘若出现此种情形,教师应该立即介入,运用调整问题提出的方式,让学生能够深入把握主题,或给出暗示,让学生能够与主题产生密切的联系。启发讨论模式可以使学生同别人协作的能力得到提升,尤其是讨论可以使各种思维方式产生火花,这促进了学生从多方面思考问题。然而,其在教师备课、提问质量,学生对预习知识的理解水平,教师怎样引导学生、激发学生参与讨论的积极性方面均有极高的要求,这要求教师教学艺术领域有极高的造诣。应该清楚的是,不管是提出问题,还是指导学生回答问题,找到正确的时机,运用正确的手段都是教师参与的必要前提。

3. 探究教学模式

20 世纪初,探究教学的理念开始形成。这一时期,美国教育面临着与学生生活实际相分离,强调纯粹的知识灌输的状况,为了改变这种状况,美国杰出的教育家杜威总结出围绕儿童、在做中学的思想。杜威指出,科学教育除了要使学生背诵百科全书式的知识之外,还属于过程与手段的一部分。他强调教学必须按照下列程序进行:安排疑难情境、明确问题、提出假设、制定对策使问题迎刃而解等。该教学模式包含探究理念,其不但推动了美国科学教育的发展,而且为探究教学的诞生提供了前提。

20 世纪 50 年代,杰出的教育家施瓦布经过长期的探索,在美国教育的学科结构运动中,针对要通过何种手段对学科结构进行讲解与学习的问题,总结出了探究式的教学方法。施瓦布的学科结构思想是探究教学的理论基础。施瓦布认为,科学知识是不断发展的,在探究方式持续进步的前提下,其会一直被完善。即学科结构始终都在发生改变。其在科技日新月异的现在,体现得更加明显。所以,施瓦布认为,不应该将科学知识作为绝对的真理传授给学生,而要把它当成具备论据的结果;解决问题、探究叙事等学科独特的探究手段均要在教学内容中得到反映;教师必须通过探究的手段传递知识,学生要依靠探究活动进行学习,也就是在学习科学的定义规律之前,开展探究实践,然后按照自身的探究形成合理的结论。

纵向而言,探究教学的运行过程一般经过以下六个步骤。

(1)产生问题。数学界一直存在这样一个共识,即"问题是数学的心脏"。数学实质就是围绕发现问题和解决问题展开的,因此产生问题对于数学探究教学有特别重要的意义,它是数学探究教学的第一步,也是最关键的一步。在一定的情形下,开展各种实践活动,如观察、实验、案例分析等,鼓励学生找到符合科学规律的疑问。

(2)依照过去的知识与经验,形成假设和猜测。

(3)搜集证据。其一,必须形成相对完善的探究计划,其必须将应该搜集的证据和搜集证据的手段完整地列出来。其二,利用观测、实验、调查、查阅文献、个案追踪分析和上网等诸多形式,对有意义的证据进行搜集。

(4)解释。综合处理搜集的相关证据,同时,通过过去的知识形成与证据相对应的结果,合理地解释相关问题。

(5)评估。对探究计划的严谨性、搜集证据的全面性和解释的合理性进行检验与研究,同时评估结论的真实性。倘若假想和结论无法对应,就必须再次寻找探究方向,制定策略开展探究。

(6)交流和推广。利用模型制作、角色扮演、组织辩论会或展览等形式对自身的探究成果进行推广。交流时,应该可以对探究安排和自身在探究时总结的观点进行说明,同时仔细倾听别人的看法,对各种观点加以分析,最后实现结果在各种情形下的应用。

横向而言,探究教学的各个环节均可以是不同形式的活动。搜集证据的方式非常多,具体包括观测、实验、调查以及翻阅著作与利用网络查询等。证据搜集的形式取决于不同的状况。

4.问题解决教学模式

自 1980 年代开始,问题解决成为国际数学教育的核心和研究热点。全美数学教师协会的(NCTM)《关于行动的议程》指出:"80 年代的数学教育大纲,必须对所有年级均说明数学的应用,引导学生参与问题解决""数学课程的设置必须以问题解决为中心",总体而言,"必须把问题解决作为 80 年代中学数学教学的核心"。1982 年,英国颁布了《柯克克罗夫特报告》,这份报告认为:"解决数学问题能力的培育是数学教学的焦点所在,只有可以在不同状况下得到应用,数学教学才具备价值"、"我们把此类将数学在不同状况中加以应用的能力,称为'问题解决'"、"应将'问题解决'作为课程论的重要组成部分"。1989 年,日本出台了《学习指导要领》,其融入了"课题学习"的理念,这标志着日本通过法律的方式将"问题解决"的理念进行了明确。中国的义务教育和普通高中数学课程标准均融入了"问题解决"理念。

人们公认的最早的问题解决教学模式是波利亚的"怎样解题"表。其涵盖以下几个环节:明确问题、制定计划、完成计划和反思。21 世纪以来,吕传汉教授等为了变革原来的教学模式,即教师灌输课本知识,学生缺乏主体性,以跨文化数学教育探索的成果为起点,总结出了一种新的数学教学模式,该模式以培育学生提出问题和解决问题的能力为最终目的。

该教学模式的运行过程包括以下几个环节:

设置数学情境→提出数学问题→解决数学问题→注重数学应用

（引导观察分析）（猜想、探究）（正面求解或举反例）（学做、学用）

对数学教学而言,其教学的核心为数学思维过程。学生在大脑中形成数学认知架构是学生进行数学学习的实质。由于当前数学教学出现"掐头去尾烧中段"的状况,以及对知识的形成过程与应用不予重视的情形,应该对基础知识,如定义、定理、公式等,产生过程的教学加以重视与强化。课本中的基础知识对于学生来说是未知的,倘若根据"问题解决"教学模式进行组织,就应该将"问题"当成教学的起点,不对结果进行直接揭示,而是安排问题情境,提出问题,并且问题具备启迪性与一定的难度,给予学生实践与思考的时间,鼓励其运用多种手段,如观察、分析、类比、抽象等,进行探究,如此,学生不仅可以收获具体知识,而且可以获得发现、研究、解决问题的能力,从而使自身的知识上升为理性知识。问题解决的程序以及教师和学生在各个环节中的地位和作用如图 2-2 所示。

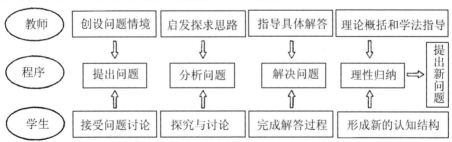

图 2-2　问题解决的程序

设计问题在"提出问题"环节最为重要,可接受性、障碍性、探索性是其必须遵循的要求,学生的活动丰富多彩,以问题解决为中心开展学习。教师在"分析问题"环节,在思想与手段方面对学生的思维给予相应的启示,同时,根据学生的具体情况开展分层指导,教师应该安排学生开展相应的探讨与沟通,引导学生独立地展开探索,同时在这个过程里使学生形成百折不挠的精神,通过尝试错误的学习,提出假设。教师在"解决问题"环节,应该及时指导学生对解决过程加以掌握,将能力培养融入基础知识与基本技能的教学之中。教师在"理性归纳"环节应该与"问题解决"的过程相联系,开展学法指导,同时鼓励学生检验、评价、反馈、论证解决问题的过程,从而升华为理论,推动认知结构的创新。

2.4 数学教学设计

2.4.1 数学教学设计的意义与理念

1. 数学教学设计的意义

(1)数学教学设计有助于提高数学教学质量。因为数学教学设计是在正确的理论指导下进行的,使用科学的方法,对数学教学的目标、内容、方法、形式和手段进行系统的分析、组织、实施和评价,进行一系列的优化设计,构建数学教学过程的最优化的教学结构。所以,它能在很大程度上推动数学教学过程实现最优化,进而提升数学教学质量。

(2)数学教学设计有助于数学教学科学化。与传统意义上的数学备课相比,数学教学设计存在很大不同。过去备课的依据是个人经验,教师的经验多,其备课质量就会高一些,教师的经验少,其备课的质量相对就会差一些,主要是凭个人的经验,备课的决策也缺乏科学的理论、科学的研究方法以及科学的操作程序做支撑,通常是由于个人的主观意向所决定的。数学教学设计而是以数学学习论、数学教学论等理论为指导,运用科学、合理的系统方法,分析数学教学问题,设计数学教学方案,能够有效地把数学教学理论变为数学教学技能,使数学教学走上科学化的轨道。

(3)数学教学设计有助于数学教学现代化。数学教学设计属于现代数学教学技能的范畴,对数学教学活动的设计是以现代教育为指导,并运用现代科学技术和现代科学方法,以期实现数学教学的现代化。

2. 数学教学设计的理念

(1)提高教学效率。数学教学设计关键的理念是提高教学效率。怎样能体现教学效率的高低呢? 其主要通过以下几点进行判断:能否激发学生学习的动机,尤其是内在动机;能否促进学生的学习;能否落实教学目标要求。

(2)实施系统设计。数学教学过程是一个动态系统,其主要包含四个要素,即教师、学生、教学内容、教学目标。在这个系统中,这四个要素是相互影响、相互作用,这四个要素所发挥的作用必须要放在整个系统中进行综合评价,不能只对其中某些要素重视,而忽视其他的要素。所以,数学教学设计要求实施系统设计。总的来说,数学教学过程是一个动态的、开放的系统,因此,教师在对其设计时一定要按照这个要求进行,必须对系统中的各个要素进行全面、整体分析,使它们相互配合、相互协调、共同作用,以实现系统的整体功能,进而优化数学教学过程。

(3)教是为了不教。数学新课程的核心理念是“一切为了学生的发展”。在数学教学系统中,学生是非常重要的组成部分,以此,在数学教学过程中一定要最大限度地满足学生的学习需求,其主要目标是促进学生的学习,体现“以人为本”的教育理念。以问题解决教育为价值取向是现代的数学教育非常重视的部分,这样一来,在数学教学设计过程中就必须要求要实现的重要目标是提高学生解决实际问题的能力,培养学生独立学习的能力,最终实现“教是为了不教”的目标。

(4)三维目标设计。新课程提出,要对原来过分注重知识传授的课程进行改变,之前学生都是被动接受,学习热情不高,现在更加注重对学生学习兴趣的培养,变被动接受为主动学习,在获取基础知识与基本技能的过程中培养学生正确的价值观。在培养目标上强调知识与技能、过程与方法、情感态度与价值观三维目标的整合。所以,数学教学改变了原来的“双基”目标,更加重视知识技能的形成过程以及学习方式的多样化。学习方式的多样化,能够在很大程度上调动学生的学习热情,培养他们的学习兴趣,让他们更加喜欢学习,进而在数学活动中感受、体验数学的探索与创造,加深对数学深层次的内涵理解,形成良好的数学观。

2.4.2 数学教学过程设计

1. 确定数学课的课型

数学课的课型一般可分为新授课、练习课、讲评课、复习课等。不同的课型有着不同的教学目标,以及不同的教学活动过程。

(1)新授课。

引导学生学习数学新知识(新的概念、公式、法则、定理或方法)为主,同时训练相应的技能技巧,培养数学能力,是这类课程的主要任务。它是数学教学中最常用的,也是最重要的一种课型。新授课可以采用各种教学模式。在传授接受教学模式中,新授课主要包括以下教学环节。

①复习导引。这个环节的目的是:对原来学过的知识进行检查复习,尤其是对于接下来要学到的新知识有密切关系的旧知识进行检查,看看自己的掌握情况,为接下来的学习做好铺垫;引入课题,为接下来的新知识制造一些"悬念",营造一种神秘氛围,以激发学生的学习兴趣与欲望,为学习新知识打下心理基础;吸引学生注意力。复习导引中提出的问题或复习的内容必须精选,要能够达到复习旧知、引入新课、启动思维的目的,不宜多而杂。

②讲解新课。是在教师的启发引导下,学生学习新知的过程,是实现教学目的的中心环节。这个阶段,一般来说,要完成以下教学任务:引入概念,对概念的内在含义和本质属性进行深度剖析,给出概念的名称、定义与符号;发现定理、公式、法则、性质,并对其进行推导或证明;对于例题中提出的问题进行解答,并掌握在解决问题过程中所使用的方法;对数学知识点进行记忆等。

③巩固练习。通过做一些练习,以帮助学生巩固所学知识,使知识掌握得更加牢固。在这个阶段,要完成以下教学任务:根据定义对概念进行判断;对公式、法则、性质、定理的内容进行复述,并对其所应用的范围进行明确;对利用新知识解决问题的方法进行总结、学习或者模仿;初步形成相应的技能技巧等。

④课堂小结。这个环节就是对课堂知识进行概括和总结,以巩固学生的知识。需要总结的内容除了本节课的教学内容之外,还包括对学生的具体要求、学习时应注意的问题等。

⑤布置作业。包括预习性作业、书面作业、思考题等。

(2)练习课。

练习课也叫作习题课,练习课的主要任务是通过教师讲解典型例题和学生练习的方式,对自己所学的知识进行巩固,并对技能技巧进行训练,进而提升数学能力。它通常包括以下四个步骤。

①复习。主要是复习本节将要练习的重要知识,讲明知识之间的初步联系,同时明确本节课的目的,为学生有针对性地练习做好准备。

②练习。是在复习的基础上,针对本节的,选择适量的数学问题供学生练习。

练习的方法可以先由教师示范后再让学生模仿练习,或由教师稍加分析,由学生独立完成,或完全由学生独立完成。在此基础上,选择典型解法让学生板演,以教育全体学生。在学生练习时,教师要注意了解学生做题的情况,特别注意启发和辅导后进生。当后进生完成练习时,应让他们板演以增强其自信心。对学习成绩好的学生,应鼓励他们用多种方法解题。

③小结。就是针对学生练习和板演情况进行有针对性的总结,主要是指出学生在练习中的优缺点,分析出现问题的原因,介绍某些技巧性解法,指出解题的一些规律和方法。在小结中应注意少批评、多表扬、多鼓励,当然也可引导学生自己做出小结。

④作业。一般是针对练习中存在的问题或进一步培养能力而布置的练习题。必须注意,练习课虽应以学生的练习为主,但老师的讲解仍然很重要。老师在讲解典型例题时,应把重点放在分析例题结构、探索解题途径、总结解题规律上,而不是简单地给出解题步骤和答案。此外,必须精选练习题,使之紧扣新授课的知识,且具有典型性。练习题常以题组的形式出现,由浅入深,按照一定的坡度展开。

(3)讲评课。

对学生的某一个阶段的作业情况或者是对某一次考试的情况进行分析是讲评课的主要任务,其目的是能够对作业中或者考试中的错误进行纠正,当然还要对一些优秀的作业或试卷进行介绍,这样是为了促进学生的学习。一般来说,讲评课包括:①对班级的整体情况进行介绍。包括个人考查成绩、班级总体水平等。②分析考题。有侧重点地讲解某些典型题,包括思路分析、正确解答、独特简捷的解法以及出现的错误等。③小结。总结取得好成绩或产生错误的原因,指出今后努力的方向或改正的方法。必要时可针对性地布置适量的作业,以巩固讲评课的内容和要求。

(4)复习课。

此类课是为了帮助学生总结、巩固、系统化学过的知识,优化学生的认知结构,提高学生解决问题的能力。复习课主要包括以下几种形式:单元复习、期中期末复习、毕业复习等。一般来说,复习课的四个环节有:有知识的系统复习(提纲)、典型例题示范与综合练习、小结、布置作业。

①知识整理。主要通过回顾复习一阶段所学习的知识、技能、方法,建立各知识之间的逻辑联系,帮助学生建构、完善知识结构。知识整理的形式可以多样化,教师带领学生回顾总结,或由教师给出提纲,学生总结,也可以先由学生整理,然后教师补充修正。

②综合练习。是为学生牢固掌握、灵活运用本阶段所学知识而进行的练习,因

此,练习题必须具有一定的综合性、灵活性和目的性。教师应根据具体情况,对解题的思维方法、指导思想做详细分析,以提高学生的解题能力。

③小结。复习课的小结应针对必须掌握的内容以及须注意的问题进行概括,并指出纠正的方法和努力的方向,为下一阶段的学习做好准备。

需要注意的是,系统复习不是课本知识的简单罗列,而是要揭示知识之间的内在联系。这种结构间的联系既有纵向的也有横向的,既有逻辑的也有实质性的联系,目的是优化学生的数学认知结构,并针对学生学习过程中存在的问题,对一些重要概念、公式、方法做出进一步的阐述,使概念从操作过程层次上升到对象结构层次,使方法上升为思想。

2. 数学教学内容的处理

在数学教学设计中,教学内容处理是指以数学教学目标为基础,分析、确定学习者所学内容的深度、广度以及这些内容之间的联系,并做出合理安排。根据数学教学目标的层次性,教学内容处理又可分为宏观和微观两个层次,宏观层次主要涉及整个课程内容体系,包括学段、学年内容的处理,微观层次主要涉及单元和课时内容的处理。数学教学内容处理依一定步骤进行,按照这些步骤可帮助教学设计者完成不同层次的内容处理,包括:

(1)选择与组织课程单元。单元是划分课程内容的基本单位,在数学课程中,一个单元即教材中的一章,通常指一个相对完整的数学主题或某类数学问题。根据课程目标确定学习者必须学习的内容主题,将这些内容主题确定为各课程单元;再确定各单元在课程中的顺序,并将之安排成一个有机的课程结构整体,这样的活动称为单元的选择与组织。通过单元的选择与组织可确定课程内容的基本框架。

(2)确定单元目标。单元目标是一个单元或一堂课教学结束时所要得到的学习结果,也就是对学生学完本单元后在知识、技能、经验、态度、情感等方面所要达到的要求的总和。确定了单元目标,课程目标就具体化了。

(3)选择与组织单元内容。单元内容是为了实现单元教学目标而要求学习者系统学习的项目或课题。单元内容的选择与组织通常涉及 3 个方面:范围、重点与序列。范围主要指单元内容覆盖的广度和深度。一般在决定单元范围时,应根据数学课程的连续性、社会和学生的需要确定单元内容中各个项目的相对重要性,从中选取难度适当的核心内容。例如,集合的运算包括集合的并、交、补、差、对称差、直集、幂集等,从中确定学生要学习的核心内容为并、交、补运算。重点是指内容中的关键部分。序列是内容材料展开的顺序,一般在确定内容序列时,要注意新旧内容之间的联系,保证新的内容是在原有学习基础之上来展开的。

(4)分析单元内容。即对各单元列出的具体项目进行更加详细的分析,包括项目的性质、各学习项目之间的联系、完成这些项目所需的条件、操作过程等。不同的分析可采用不同的方法。

3.数学教学方法、模式、策略的选择与运用

(1)数学教学方法和选用。

数学教学方法主要是指在教学过程中,为了完成一定的教学任务,实现一定的教学目标,师生所共同采用的活动的方式、途径和手段。这不仅包括教师教的方法,而且也包括学生学的方法,是教的方法和学的方法的统一。教学方法对于数学教学来说是非常重要的,它是引导、调节教学过程的重要手段,因此,在数学教学设计过程中必须要对教学方法的设计加以重视。

数学教学常用的教学方法有谈话法、指导作业法、教具演示法、讲授法、发现法、讨论法、实验法等,这些方法各有其优缺点和适用范围,教师应如何做出决定?苏联教育家巴班斯基等人通过调查研究,总结出了教师对教学方法进行选择时的基本决策步骤:①在教师指导下学习教材的方法和学生独立学习该课题的方法之间做出选择;②在探索法和再现法之间做出选择;③对教学法进行选择,即在演绎教学法和归纳教学法之间做出选择;④决定怎样有效结合直观法、口述法和实际操作法的问题;⑤对激发学习活动的方法进行选择;⑥对于检查和自我检查的方法进行选择;⑦对各种方法相结合的不同方案进行综合、整体、全面的考虑。

由这个决策步骤可得选择教学方法的一个总体思路是:首先,决定学习课程教学内容的总体方法,这需要从教师、内容、学生三者相互作用的方式方面给予全面的考虑。其次,决定教学活动过程中处理特殊问题的方法,比如,如何检查完成学习任务的质量?如何激发与维持学生学习的兴趣?最后,对所选择的方法做出合理规划,形成一套完整的课堂教学方法系统。

从本质上讲,教学方法是实现教学目标的手段,它首先受制于教学目标的要求。例如,对"能运用两角和与差的正弦、余弦、正切公式进行简单的恒等变换"这一目标,指导作业或练习法会是一个很好的方法,而讲授法和谈话法却不一定。那么,实现各种教学目标的最好的教学方法是什么? 表 2-1 提供的根据教学目标选择教学方法的框架值得参考。

由表 2-1 可见,与某个教学目标相适应的、较好的或最好的教学方法并不唯一,那么,面对多种决策时,教师又应最先考虑哪些方法?怎样把这些方法有机整

合在一起? 通常来说,不仅要考虑教学目标的因素,还应综合考虑教学过程中的各种因素,如学生特点、教师特点、教学内容特点、技术条件等。并尽可能广泛地考虑有关的教学方法,确定一个选择的明确标准,再对各种可供选择的教学方法进行比较、筛选,做出最后决定。

表 2-1　教学目标和教学方法的优选关系

方法 ＼ 目标	记忆事实	记忆概念	记忆程序	记忆原理	运用概念	运用程序	运用原理	发现概念	发现程序	发现原理
讲授	△	★	○	★	★	○	□	□	○	□
演示	★	○	○	○	○	□	○	○	★	○
谈话	△	★	□	★	★	○	□	□	□	□
讨论	□	△	□		★	□	★	○	△	□
练习	○	□	★	★	□	★		△		△
实验	★	△	□	○	△	★	□	□	○	★

注:★:最好;□:较好;△:一般;○:不定

(2)数学教学模式及其选用。

数学教学是在一定的时空中进行的,空间上体现为在数学教学过程中的各个要素之间相互作用和组合方式,时间上体现为数学教学活动的一系列操作顺序。这样,对数学教学活动的空间结构和时间序列进行系统概括,体现一定理论逻辑、相对稳定具有特色的数学教学活动框架体系就是数学教学模式。我国广大数学教育工作者深入实践,通过对数学教学实践的深入研究和细致考察,总结形成了各种教学模式,如讲解—传授式教学模式、讨论式教学模式、情境—问题教学模式等。

事实上,各种教学模式都有其自身的优势,它们中任何一种都不能独占所有的数学教学活动,在数学教学中,提倡多种数学教学模式的互补融合。那么,如何设计合理的教学模式以使教学活动能够有效地推进? 经过研究发现,一个完整的教学模式应包含以下基本要素:

①理论基础。指教学模式所依据的教学思想或理论。教学模式与其理论基础之间的关系表现为:其一,每种教学模式都是在一定的教学理论或教学思想指导下建立的。例如,讲解—传授式教学模式的理论基础是奥苏伯尔的有意义学习理论;发现式教学模式的理论基础是布鲁纳的认知发现学说等。其二,一定的教学理论或思想决定了教学模式的服务方向和独特功能。

②功能目标。指教学模式所能实现的教学效果。每一种教学模式都会有其特定的教学目标。例如,情境—问题教学模式的功能目标是提高学生的实践能力和解决问题的能力,培养他们的创新意识;讲解—传授式教学模式的功能目标是在单位时间内快速、系统地学习数学基础知识和掌握基本技能等。

③操作程序。指主要教学活动按照时间流程从逻辑上展开的各个环节、步骤以及每个步骤的具体操作方式,其中包含了教学内容的展开顺序、师生复杂的心理活动顺序、师生交往方式、教学方法的运用顺序等。例如,尝试指导—效果回授式教学模式的操作过程:启发诱导→探究新知→归纳结论→变式练习→回授调节等。当然,任何教学模式中的操作程序并不是一成不变的。

④支持(或实现)条件。每一种教学模式并不是在什么条件下都能发挥其效用的,而是需要一定的条件作支撑。教学模式的支持条件包括环境、设施、师生特点、媒体材料、课时安排、教学的时空组合等。例如,对于课桌椅固定的教室,采用讨论式教学模式就难以取得较好的效果。在一个学习水平较差的班级,不适宜采用发现式教学模式。

通过对教学模式基本构成要素的分析可知,在选择与运用教学模式时应注意:

①由于教学实践依据的教学思想或理论有所差别,其学习内容、目标也是不一样的,所以,教学活动的形式和操作过程也存在很大差异,这也就决定了教学模式的选择也是不同的,有时在一堂课中需要对不同教学模式进行优化组合,灵活运用;

②为了使教学模式的效力得到充分发挥,教师必须对各种教学条件进行优化组合,使其达到最佳状态,同时在使用教学模式过程中,要遵循一定的原则,采用一定的方法和技巧;

③随着现代技术的发展,教学手段也要与时俱进,也要逐渐实现现代化。教学对物质条件的依赖性越来越大,在教学过程中也越来越多地应用各种媒体技术,这对于实现教学模式的功能起着重要的作用。为了实现教学目标,需要对教学模式的实现条件进行深度研究,以便更好地掌握和运用教学模式,使其发挥应有的功效。

(3)数学教学策略及其选用。

课堂教学是一个非常复杂的系统,其包含多种因素,为了实现教学目标,需要教师对教学做出精心计划和组织。教学策略是以教学规律作为指导,为了实现预定目标,结合教育、教学情境,综合考虑教学系统中的各个要素,对教学原则、方法、模式的变通使用。所以,教学策略含有教学方法和教学模式的一些特征,在教育教学论的文献中,常常会发现,同一个名称,有时指教学模式,有时指教学策略,有时又指教学方法,例如,发现式教学模式、发现学习教学策略、发现法。这种现象表明,教学策略、教学方法和教学模式之间具有一些共同的特征,是相互联系的,如它们都是教学规律、原则的具体化;都具有可操作性;模式、方法与策略是相互依存、相互支撑的。但是策略与模式、方法又不能完全等同,它们之间具有一定的差别。例如,与模式相比,策略灵活多变、结构性弱、指向单个教学行为;而模式较稳定、有清晰的逻辑线索、指向整个教学过程。特别地,有选择地使用模式即为策略。相对于方法而言,策略的含义更宽广,广义的策略包含了方法、手段、计划、技巧、艺术以及系统决策与设计,它既有理念支撑,又需技巧配合,而有选择地使用方法即为策略。因此相对于模式与方法,策略更具有居高临下、运筹帷幄的特点。

有人认为,教学策略是指教学方面的指南和处方,从以上分析可见,对于教学设计来说,掌握一定的教学策略是必要的。目前教育学和数学教育学中普遍谈到的、影响比较大的教学策略有很多,如情境—陶冶教学策略、活动式教学策略、启发式教学策略、随机进入教学策略、再创造教学策略、合作学习教学策略等。

教学策略选择与运用的一个观点是:没有任何一种策略能够适用于任何教学情境;教学策略好坏的评价标准是能否帮助学生在规定的时间内达到预期的教学目标,在此过程中,要让教师能够进行愉快的教学,同时也让学生能够进行愉快的学习。

4. 数学教学媒体、材料的选择与运用

(1)数学教学媒体及其选用。

媒体是英文 Media 的译名,也称为"媒介",是指用来传递和存储信息的载体或工具。教学媒体在教学过程中扮演着非常重要的角色,它是传递和储存信息的重要工具。因为学生对知识的接收是通过感官进行的,因此,正确使用教学媒体能够在很大程度上推动教学质量的提高,如果教学媒体没有得到正确使用,那么就会极大地影响教学质量,所以如何使用教学媒体也是教学过程设计的一个重要问题。教学媒体种类繁多,可归结为:视觉媒体(如图书、黑板板书、图片、照片等)、听觉媒体(如老师的口头语言、音乐、各种音频等)、视听媒体(如视频、带解说的动画与活动影像等)。

正确选择和使用教学媒体,能够在很大程度上提高教学质量,因此,在选择和使用教学媒体时需要注意以下几个方面:

①根据教学媒体的功能。任何一种教学媒体都会有其特定的功能和特点,在

不同的教学环境下会产生不同的教学效果。按教学功能的不同,教学媒体可分为以下几类:提供事实—这类媒体可提供现象、形态、结构等事实材料,便于学生观察、识记;创设情境—根据教学需要,利用媒体提供与教学内容相关的情节、背景材料或模拟的情景画面,给学生创设一种情境,激励、唤起、鼓舞学生的求知欲望;探究过程—通过教学媒体能够向学生提供一些典型的事物现象或者过程,并通过语言、文字的形式设置一些问题,让学生进行分析、思考;提供示范—教学媒体提供一系列标准的行为示范,学生通过模仿与练习进行数学技能的学习;举例验证—概念的形成依赖于已知的用来说明或加工成概念的具体事例或具体事物,所以利用教学媒体的展示功能提供具体事例,能使学生了解具体事例,同时能精确地形成概念。教师在实际教学中,必须根据各种媒体的特性找到适合不同教学环境的媒体,让这些媒体与其他数学因素相互结合、相互影响,形成有机整体,实现教学效力的最大化,使教学媒体的作用能够充分发挥。

②符合学生的年龄特征。不同年龄阶段的学生具有不同的认知水平,教学媒体的使用应与学生的年龄特征相符合。在小学阶段,学生的认知特点是以直观形象思维为主,在选择教学媒体时,就得选择直观性强、表现手法简单明了、图像画面对比度大、易于分别事物的主要与次要部分之类的媒体,如幻灯、投影、模型等。小学生的注意力难以持久地保持,每次播放的内容不宜过多,时间不宜过长,解释力求具体形象,尽量避免抽象的概念。高中阶段,学生的思维能力迅速得到发展,除形象思维处于优势之外,他们的抽象思维能力、逻辑思维能力、概括能力也有了一定的发展;他们能够在已有的知识经验基础上进行概念学习、逻辑推理、解决问题,而且注意力持续集中的时间比较长,因此,选择教学媒体时就要考虑表现手法较复杂、展示教学信息连续性强、具有启发功能、推理功能的媒体。此时,如果过多地使用具有呈现功能的媒体,如动画、视频等来代替学生的深层次的思维活动,则不利于学生数学能力的发展,必将降低数学教学的有效性。

③遵循认知规律。在选择与使用教学媒体时必须遵循心理学认知规律。比如,根据感知规律,在使用听觉媒体时,改变音量和音调;在使用黑板板书时,用彩色笔勾画出重点内容;在多媒体中使用动画等。这些措施均可以提高感知效果。又比如,根据新奇刺激对注意的影响,可以使用多媒体技术引入一节课的课题,以吸引学生的注意力。但必须注意,过分新奇的刺激容易把学生的注意力转向刺激本身,而干扰了对学习内容的关注,因此,必须把握好呈现刺激的时机与呈现时间的长短。

④综合选择媒体。使用一种媒体往往很难达到最佳教学效果,多种媒体的相

互支持与配合使用才有可能增加教学内容的丰富性。比如,立体几何初步中对于柱、锥、台、球等空间几何体的认识,可以在给出直观模型的基础上,配合使用图片、画在黑板上的直观图,让学生经历观察、概括、归纳定义的过程。在解决问题的教学过程中,如果仅利用多媒体技术给出问题与解答结果,就会抹杀数学思维过程。比较恰当的处理,是在给出问题之后,引导学生探索解决途径,利用黑板的板书展现分析问题、探索过程与思考方法,最后再利用多媒体技术呈现解题结果,这样既增加教学时间效率,又暴露了思维过程,使学生学会数学思考的方法。

(2)数学教学材料及其选用。

数学教学材料指包含数学教学信息的那些材料,包括各种印刷材料(教材、辅导练习册等)、音像材料、多媒体材料(网络课程、学习包、课件等)。考虑到开发教学材料所付出的代价,一般在设计数学教学材料时,应尽可能选择现有的材料,或对现有材料进行改编。只在选取和改编都不行的情况下考虑重新设计、开发新的、符合教学要求的媒体材料。

评价数学教学材料的标准包括:是否有激发学生学习动机方面的内容,是否包括了必要的教学内容,教学内容顺序是否合理,是否提供了全部必要的数学信息,是否配有练习题,是否包括了反馈,是否安排了评估,是否考虑不同水平学生的学习需要,是否做出学习指导。如果现有材料被淘汰,则应重新设计新的教学材料,在设计新的教学材料时应注意:遵循每日材料选用的基本原则,即目标控制原则、内容符合原则、对象适应原则;遵循人类认知活动的基本规律,包括注意规律、知觉规律、记忆规律、概念形成规律。

第 3 章　现代教育技术与数学教育

信息时代的到来,使得社会、政治、经济和人民生活等都发生了翻天覆地的变化,教育也不例外。在信息时代,现代教育技术也实现了进一步发展。充分利用现代教育技术,有利于优化数学教学课堂结构,提高育人效益。本章是对现代教育技术与数学教育的研究,在对现代教育技术加以总体分析的基础上,进一步阐释了现代数学教育技术在数学教育中的意义、现代教育技术在数学教学中的应用模式以及现代信息技术与数学教学的整合。

3.1　现代教育技术

3.1.1　现代教育技术的概念

"现代教育技术"一词,源于我国独创的名词"电化教育"。20 世纪 20 年代,欧美一些国家利用幻灯、电影、广播进行教学,出现了听觉教育、视觉教育及视听教育,取得了显著效果。在我国相继也开始这方面的工作,出现了幻灯教育、电影教育以及播音教育等。"电化教育"的第一次出现是在 1936 年,是当时我国的一些教育人士在讨论当时推行的幻灯、电影、播音教育定名时所提出的,并随之沿用至今。

然而,随着现代科学与信息技术的迅猛发展,大量的理论和科技成果引入教育,引起了教育观念、教育手段和方式的大变革,特别是以计算机和网络通信技术为代表的信息技术的出现,使教育信息的组织、转换、存储、调控、传递和接收方式,产生了巨大的变化,"电化教育"一词已不能适应当今时代以及本学科的发展。因而,"现代教育技术"概念的提出,具有其深刻的时代意义和历史必然性。

关于现代教育技术的概念,我们可以从以下几个方面进行理解:

1. 现代教育技术要以现代教育思想、理论作为指导

在现代教育技术的发展过程中,受现代教育思想的影响较深,其中,影响较为直接的现代教育思想有以下几种:

(1)现代教育观。教育是一个由不同种类的教育所组成的大系统,其中包括社会教育、家庭教育、自我教育和学校教育。就组织形式而言,教育又可以分为个别教学、小组教学、班级教学、远程教学和网络教学等。教育的对象不仅包括儿童和青少年,也包括每一个人的一生,即人们常说的终身教育。

(2)现代教学观。就本质而言,教学过程其实是教师和学生之间进行信息交流的互动过程,是学生在教师的指导下实现自身认识与发展的过程。一个成功的教学,应当是教师的主导作用和学生的主体作用都实现了充分的发挥。在教学过程中,教师不仅要完成知识的传授,还应该帮助学生实现自身认知、情感和能力等的发展。教师的"教"和学生的"学"是教学过程的重点所在。

(3)现代人才观。伴随着经济的快速发展,科学技术和知识的更新速度都实现了新的突破,智能型和创造性人才是现代社会发展所需要的,这两种人才的基础特征如下:

①全面＋个性:既实现了全面发展又具有一定个性特长的人才。

②人脑＋电脑:既擅长使用电脑,也善于开发自己的大脑,实现左右脑的完美结合、抽象思维与形象思维的协调发展,可以充分发挥自身大脑的聪明才智,同时也可以运用电脑技术对自己的学习和工作加以改进。

③智商(IQ)＋情商(EQ):既具有较高的智商又具有较高的情商。新的成功公式:

$$20\%(IQ)+80\%(EQ)=100\%的成功$$

(4)现代学校观。现代学校指的不仅是全日制等有形的学校,同时也意味着远程教育和网络学校等无形的学校。

(5)现代师生观。现实教师主导作用与学生主体作用的统一、教育与自我教育的统一是现代师生观所强调的两个主要方面。作为参与教学过程的两大主体,教师和学生在这一过程中发挥着不同的作用。在教的过程中,教师是活动的主体和内因,发挥主导作用;学生是活动的客体和外因,发挥主体作用。在学生的过程中,教师和学生的地位与作用则恰好相反。充分调动和发挥教与学过程中两个主体的主观能动作用,是教学过程的基本动力。

这里所说的现代教育理论主要包括三种学习理论和三种教学理论,其中,三种

学习理论主要是指行为主义学习理论、认知主义学习理论和人本主义学习理论。三种教学理论则主要指的是赞可夫的发展教学理论、布鲁纳的结构—发现教学理论和巴班斯基的教学最优化理论。

2. 现代教育技术要充分运用现代信息技术

在现代教育过程中,目前较为常用的现代信息技术主要有五种:数字音像技术、卫星广播电视技术、多媒体计算机和人工智能技术、交互网络通信技术以及虚拟现实仿真技术。

3. 现代教育技术的目标是追求教育的最优化

现代教育技术所要实现的教育目的是教育的最优化。教育的最优化指的是利用最少的时间实现收获最大的效益,因此,教育的最优化有两个评判标准,一是最少时间,二是最大效益。在教学过程中,要选择最优的教学目标、教学内容、教学媒体、教学方法等,设计最优化的教学过程,利用最少的时间向学生传授最多的内容。用最少的投资实现最大的回报,实现教育的高质量和高效益。

3.1.2 现代教育技术的特征

和传统教育技术相比,现代教育技术具有以下特征:

1. 设备的现代化

现代教育技术所涉及的设备主要有幻灯机、投影仪、录音机、语言实验室、计算机辅助教学系统等,这些设备的制造和使用都建立在声学、光学、电子学、机械工程学等科学技术的基础上,因此我们可以说,现代教育技术的设备是现代科学技术的结晶。

2. 功能的广泛性

现代教育技术充分利用以多媒体、网络化和智能化为特征的现代信息技术。在人们的生活和接受教育的过程中,现代信息技术的运用较为常见。例如,信息技术可以借助于卫星电视实现远程教学;局域网和国际互联网的使用,可以帮助学生走出校园,走向国际。知识的垄断性在网络信息资源的共享时代已经不复存在,借助于互联网,人们可以快速获取和充分运用网上的资源。在现代教育技术的帮助下,教学活动自开始至结束都实现了社会化,不同于传统的教学活动,现代教学已逐步走向社会、走向家庭、走向信息技术存在的任何地方。

3.教学内容的丰富性

学生可接受的知识范围和获得知识的途径在现代教育技术的帮助下实现了进一步的扩大。传统教学过程中,学生获取知识的途径只有教师、课本和图书等,而在现代教育技术的帮助下,学生可以借助于网络随时随地获取自己想要知道的知识。网络教育的出现和发展,更是进一步丰富了教育教学资源,学生获取信息的途径也日渐多样化。有支持教师教学的多媒体课件,有帮助学生进行自主学习的课程,有用电子作品创作的各类素材库,有供进行学习评价的试题库反馈系统等。还可以将被感知事物的发展变化形式和过程,用仿真化、模拟化、形象化、现实化的方式,图文并茂地、形象逼真地展现出来。学生既能见到原子、分子结构、生物细胞、基因等微观世界,也能见到宇宙、大洋、原子弹爆炸等宏观过程。现代教育技术在教学中的应用使教材中深奥的原理、定理等变得具体、生动、易懂。

4.教学效果的高效性

现代教育技术的效果具有高效性的特点。现代教育技术的本质是利用技术手段(特别是信息技术手段)优化教学过程,从而达到提高教学效果、效益与效率的目标。现代教育技术所追求的是教学的最优化,即节省时间,提高质量,提高效率,扩大教学规模。与传统教育技术相比,在同样的时间内,现代教育技术能使学生学得多些、快些、好些,从而取得最佳的教学效果。

5.表现手法的多样性

现代教育技术如用幻灯,就可以采用放大法、复合法、分解法、遮盖法、明暗法、示动法、特写法等。如用电影,就可以采用画面用光、取景的转换和转动的方法表现物体的特性;用镜头的推、拉、摇、跟、移和镜头的组接等手段反映物体在空间位置的状态;用动镜头和静镜头相互交替来突出教材的重点和难点等。现代教育技术表现手法的多样性,还表现在教学者可根据教学需要将所讲述的对象化大为小、化远为近、化虚为实、化静为动、化快为慢、化繁为简等。

3.1.3 现代教育技术的发展趋势

伴随着人们对计算机技术、虚拟现实技术和人工智能研究的深入,现代教育技术在教育领域的应用日渐成熟。现代教育技术的快速发展彰显了其未来的发展趋

势,具体如下所示:

1. 网络化

当今对世界教育最有影响的技术趋势之一,就是迅速发展的计算机网络。特别是 20 世纪 90 年代以来,全球性计算机网络的蓬勃发展,使得信息传递的形式、速度与距离等都实现了大的突破。

20 世纪 90 年代初,美国开始组建最早的国际互联网络。目前该网络已成为世界上规模最大、影响最大的国际性计算机网络,其发展速度十分惊人。Internet 已成为连接世界各国的信息纽带和向全球提供教育教学资源的重要网络。美国的大中小学已于 1997 年全部接通 Internet,英、法、德、日等发达国家的各级各类学校也广泛使用了 Internet。目前我国网络建设已初具规模,建成了中国教育、科研计算机网 CERNET 和中国公用计算机网 CHINANET 等,其中中国教育和科研计算机网用户是中国目前最大的 Internet 用户群。

互联网环境下的教育是真正意义上的开放式大学,它打破了时间和空间的限制,将教育扩散至世界上的每一个角落。在这一教育形式下,学生和教师的身份不再如之前那么明确,获取信息和知识的便捷性,使得每一个人都可以成为教师,但每一个人也同时可以是学生。同时,网络上的教育资源对于每一个人而言都是公平的,无论社会身份如何,都使得其可以接受最优秀教师的指导,可以同在网上的每一个专家进行"面对面"的交流。立足于信息高速公路的多媒体教育网络,使得信息的瞬间传播成为可能,社会中的某一个个体所需要的信息和专家等既远在天边,又近在眼前。真正意义上的全民教育正在逐步成为现实。

纽约大学校长赫伯特·兰道在 1990 年曾预言,要在校园中度过 4 年的传统大学将要消亡,这个预言是否会实现,何时实现? 目前还难以判断。但是,21 世纪的今天,这种基于互联网的不受时空限制的真正的开放大学、网络大学将会变得越来越普遍则是确定无疑的。

2. 多媒体化

所谓的多媒体并不是指多种媒体的简单组合,而是指以计算机为处理中心和应用多媒体信息(如符号、文字、图形、动画、声音、图像和视频影像等)的一项综合技术、通过人机交互方式实现同时采集、处理、编辑、存储和展示两种以上不同类型的信息媒体的技术。借助于多媒体技术,人与机器进行信息交流的方式实现了新的突破,包括高保真的声音、达到照片质量的图像、二维和三维动画,甚至是活动影像。最近几年随着多媒体技术的发展,研究多媒体技术的文献数量也呈现了大幅度的上涨,例如,有关教育技术的国际性刊物或国际学术会议上发表的论文中有70%～80%都与多媒体有关。在现代教育技术中,多媒体技术逐渐成为发展的核心,教育技术的多媒体化已经是大势所趋,主要体现在以下方面:

(1)多媒体教学系统。

多媒体计算机教学系统由主机、输入输出设备、控制以及各种功能卡和软件组成,与应用其他媒体的教学系统相比,它具有如下一些优势:

①信息传输质量高,应用范围广。

在对不同的信息进行存储和处理时,数字化是多媒体系统较为常用的手段,高保真的声音、高质量的活动影像、二维与三维动画等更加容易激发学生的学习兴趣,多媒体技术和产品的应用领域也由此实现了进一步扩大,更加容易满足教学的需要。

②传输信息量大,速度快。

多媒体系统的声音与图像压缩技术可以实现语音、图形以及图像等的快速传输、存储与提取和呈现。这是一般的微机系统所难以达到的。这能为教师和学生建立了资源丰富的教学和学习环境。

③使用方便,易于操作。

鼠标、触摸屏和声音选择是多媒体教学系统的主要输入方式,键盘输入是其常用的辅助手段,加之界面至关的操作提示,使得上机操作不再是一件困难的事,即使是完全没有学习过计算机的人,也可以在短时间内实现上机操作,进而使学生能根据学习的需要与自己的学习经验和风格选择学习内容。

④交互性能强。

多媒体教学系统提供丰富的图形界面反馈信息,学生可以按照自己的意愿去控制计算机的信息处理过程,从而实现真正的人机交互。丰富的交互方式更能提高学生的参与性。

(2)多媒体教学模式多样化。

多媒体系统在教学中形成了不同的教学模式,主要包括课堂教学模式、虚拟现实教学模式等。课堂教学模式利用计算机媒体与其他教学媒体相结合共同参与课堂教学过程,以达到优化课堂教学的效果。

(3)多媒体电子出版物。

多媒体电子出版物是多媒体技术在教学领域的另一个应用形式,其主要指的是以 CD－ROM 光盘作存储介质的电子出版物。较为常见的多媒体电子出版物有电子百科全书、电子词典和电子刊物等。在电子百科全书中,我们不仅可以看到清晰的文字说明,有的还配有声音、图形和动画的详细说明,例如,在查询树懒这一词汇时,不仅可以看到有关树懒的动物学特性的描述,也可以看到树懒憨态可掬的喜人形象。

在科学技术较为发达的美国,教育技术也领先于其他国家。在美国的多媒体电子出版的形式也更加多样,除了较为常见的电子百科全书之外,还有电子新闻报纸和电子刊物等,甚至教科书出版商也开始涉足电子出版领域。此外,还具有辅助教学功能,可以对学生进行辅导、答疑,布置作业。

3. 超媒体化

超媒体指的是运用超文本的方式组织和处理多媒体信息。早期的超文本系统是一种文字型的,由此得名 text。20 世纪 70 年代时,出现了一种新的称谓——"电子图书(electronic book)",书中有大量的图片和图形,运用计算机人们可以进行联想式地文献阅读。电子图书有两大优势,一是实现了文本存储的便利性,二是加入了丰富的非线性链接。由此也促进了超媒体技术的出现。超媒体包含的内容较为丰富,有文字、声音、图像和图形等。这些媒体之间也是用超级链接组织的,而且它们之间的链接错综复杂。

超文本与超媒体的应用领域较为广泛,例如操作系统 Windows 中的"帮助"就使用了超文本的方式,在电子百科全书、教学应用的 CAI 以及旅游信息、软件工程、娱乐中也通常可以看见超文本与超媒体的应用。

4. 智能化

人工智能技术与计算机技术的结合,使得教育人工智能化成为现实的可能性进一步加大。智能化计算机辅助教学系统(ICAI)及智能化教师系统的构建,使得现代教育技术也开始朝着智能化的方向发展。人工智能技术统称为 AI 技术,是一门研究如何以人造智能机器或智能系统来模拟人类智能活动的一门新兴学科。

智能化教学系统的构建以对科学的认识为理论基点,结合了人工智能技术、计算机技术和教学心理学等不同学科,是对教学实施有效教育的新兴教育技术。智能化教学系统应当具备以下特点:

(1)可以自动生成各种问题或练习。

(2)在理解教学内容的基础上自动生成答案。

(3)根据学生的水平与学习情况,对学习内容与进度进行实时选择与调整。

（4）具有自然语言的生成与理解功能，以便实现较自由的教学问答系统，提高人机的交互主动性。

（5）对教学内容有解释咨询能力。

（6）能诊断学生的错误，分析原因并采取纠正措施。

3.2 现代数学教育技术在数学教育中的意义

3.2.1 技术可以促进学生的数学学习

1. 技术可以帮助学生学习数学

例如，利用计算器和计算机，学生能够检查更多的例子和有代表性的形式，所以他们能够更容易地做出猜想并进而探究猜想。技术工具的图像能力能够提供可视模型，这些模型是强有力的，但许多学生没有能力或不愿意独立去得到它们。技术工具的运算能力扩展了学生可以处理的问题的范围，并且能够使他们处理程序化的过程迅速而准确，这样就可以使学生具有更多的时间从事概念化问题的研究或建模。

2. 学生抽象的数学思想可以由于技术而得到培养

由于提供了从多种观点下的审视数学思想的方法，技术丰富了数学研究的范围和质量。反馈有助于学生的学习，而技术可以提高这样的反馈，在动态几何环境下拖动结点，在屏幕上形状的改变，改变一个电子表格的定义规则，当相互依赖的值被改动时观察其结果。当学生相互讨论或和教师讨论在屏幕上的对象以及技术允许的各种不同的动态变换的效果时，技术提供的是一个讨论的焦点。

3. 技术有助于教师因材施教

容易分心的学生往往在基于计算机的任务上更集中注意力，并且那些在组织上有困难的学生往往得益于计算机环境所带来的强制。在基本的程序上有困难的学生可以发展在其他数学理解上的能力，这反过来有助于他们最终理解数学程序。

3.2.2　技术可以对数学的教学给予有效的支持

1. 技术的有效运用依赖于教师

技术不是万能的，像任何教具一样，它能够被用得好，也可能用得不好。通过选择和创造，可以利用技术有效而且很好地完成绘图、可视化和计算等任务，教师应该运用技术给学生提供更多的学习机会。例如，教师可以运用模拟技术给学生问题情境的体验，而这样的情境在没有技术的情况下是不可能创造出来的；教师也可以运用来源于网络上的数据和资源给学生设计任务。电子制表软件、动态几何软件和 computer microworlds 都是产生有价值问题的有效工具。

2. 技术不能代替教师

当学生运用技术工具时，他们似乎在某种程度上是独立于教师的，但实际上这是一种误解。在具有丰富技术的课堂上，教师起着重要的作用，他们的决策直接影响了学生的学习。首先，教师必须决定是否、什么时候和如何运用技术。当学生在课堂上运用计算器和计算机时，教师就有了观察学生的机会，看看学生是如何思考的。当学生运用技术时，他们可以表现出思考数学的方式，而在其他情况下这种观察是很困难的。因此，技术有助于评价，可以使教师检查学生数学研究的过程和结果，而这些信息会有助于教师做出教学上的决策。

3.2.3　技术影响数学的教学内容

技术不但影响到数学如何被教和学，而且也影响到教什么和什么时候一个主题出现在课程中。由于有了技术，小学生们就能够探索和解决设计大数的问题，能够运用动态几何软件去探究图形的特征，能够组织和分析大量数据的集合。运用计算机表示和运用以计算器为基础的实验室系统的物理实验，初中生可以研究线性关系和斜率与一致变化的思想。高中学生能够运用模拟来研究样本分布，并且能运用计算机代数系统来进行研究，该系统能有效地进行大多数的符号操作，而这些是传统的高中数学的内容。代数的学习不必再被限制在符号操作这种相当直接的简单情形中。运用技术工具，学生能够推理更一般的问题，如参数变化，他们还能建模和解决更复杂的问题。

由于允许学生用一种数学思想去理解另一种数学思想，技术能够模糊在代数、几何和数据分析等方面的人为分割。技术能够帮助教师把技能的发展和程序连接起来，以形成更一般的数学理解的发展。一些曾经被认为是很根本性的技能，由于使用了技术工具，现在已经不再需要，学生现在被要求从事更高层次的一般化和抽象，虚拟操作（实际操作的计算机模拟）或者 Logo 教学语言可以使学生扩展他们的实际体验，并且发展对于如何运算发展运用等的精确的理解。通过对几何变换的外在的注意，动态几何软件能够允许学生对几何对象族进行实验。类似的是，绘图工具也促进了对函数类特征的探究。因为技术的使用，许多离散数学的主题在现代的数学课堂中占据了重要地位，数学图景的边界正在被改变。

3.3　现代教育技术在数学教学中的应用模式

3.3.1　计算机辅助数学教学

计算机辅助教学（Computer Assisted Instruction，简称 CAI）是指利用计算机来帮助教师行使部分教学，传递教学信息，对学生传授知识和训练技巧，直接为学生服务。

CAI 的基本模式主要体现在利用计算机进行教学活动的交互方式上。在 CAI 的不断发展过程中已经形成了多种相对固定的教学模式，诸如错做与练习、个别指导、研究发现、游戏、咨询与问题求解等模式。随着多媒体网络技术的快速发展，CAI 又出现了一些新型的教学模式，例如，模拟实验教学模式、智能化多媒体网络环境下的远程教学模式等。这些 CAI 教学模式反应在数学教学过程中，可以归结为以下几种主要的形式：

1. 基于 CAI 的情境认知数学教学模式

这一教学模式主要指的是在多媒体计算机技术的帮助下，实现涵盖图形、图像和动画等信息的数学认知情景的构建，使得学生通过对以上情景的观察和操作等可以进一步了解与数学有关的概念、命题以及原理等知识。这样的认知情境旨在激发学生学习的兴趣和主动性，促成学生顺利地完成"意义建构"，实现对知识的深层次理解。

在基于 CAI 的情境认知数学教学模式中，教师是教学活动的主要组织者，以教学内容及其特点为依据,教师可以制作具有动态性的课件,构建与数学教学活动特点相适应的活动情景。因此,通常以教师演示课件为主,以学生操作、猜想、讨论等活动为辅展开教学。适于此模式的数学教学内容主要是以认知活动为主的陈述性知识的获得。计算机可以发挥其图文并茂、声像结合、动画逼真的优势,使这些知识生动有趣、层次鲜明、重点突出;也有助于学生清楚地了解所学知识与原有知识之间的关系,为学生提供"自我协商"和"交际协商"的"人机对话"环境,有效地刺激学生的视觉、听觉、感官处于积极状态,引起学生的有意注意和主动思考,从而优化学生的认知过程,提高学习的效率。这样的教学模式显然不同于通过教师滔滔不绝的"讲解"来学习数学,而是引导学生通过教师的计算机演示或自己的操作来"做数学",形成对结论的感觉、产生自己的猜想,从而留下更为深刻的印象。

在数学课堂教学过程中,基于 CAI 的情境认知数学教学模式的最为直接的反映是在计算机的帮助下实现由微观向宏观的转变、由抽象向形象的转变,实现"数"与"形"的相互转化,以此辨析、理解数学概念、命题等基本知识。数学概念、命题的教学是数学教学的主体内容,怎样分离概念、命题的非本质属性而把握其本质属性,是对之进行深入理解的关键。教学中利用计算机来认识、辨析数学的概念、原理,能有效地增进理解,提高数学的效率。

由于基于 CAI 的情境认知数学教学模式操作起来较为简单、方便,且对教学媒体硬件的要求并不算高,条件一般的学校也能够达到。因此,这种教学模式符合我国数学教学的实际情况,是当前计算机辅助数学教学中最常用的教学模式,也是数学教师最为青睐的教学模式。不过,这种教学模式的不足之处也是明显的,主要表现在:

(1)技术含量不高。由于这种教学模式基本上仍是采用"提出问题→引出概念→推导结论→应用举例"的组织形式展开教学,计算机媒体的作用主要是投影、演示,学生接触的有时相当于一种电子读本,技术含量相对较低,不能很好地发挥计算机的技术优势。

(2)学生主动参与的数学活动较少。虽然这种教学模式利用计算机技术创设了一定的学习情境,但这种情境是以大班教学为基础的,计算机主要供教师演示、呈现教学材料、设置数学问题,还不能够为学生提供更多的自主参与数学活动的机会。

(3)人机对话的功能发挥欠佳。计算机辅助数学教学的优势应通过"人机对话"发挥出来,而这种教学模式由于各种主客观条件的限制,还不能让学生独立地参与进来与机器进行面对面地深入对话,人机对话作用限于最后结论而缺乏知识的发生过程和思维过程,形式比较单调,内容相对简单。

2. 基于 CAI 的练习指导数学教学模式

这一教学模式主要指的是运用计算机技术为学生创造有利于学习的条件,使学生可以在教师的指导下进行反复练习,实现巩固知识和掌握技能的教学目的。在这种教学模式中,计算机课件向学生提出一系列问题,要求学生做出回答,教师根据情况给予相应的指导,并由计算机分析解答情况,给予学生及时的强化和反馈。练习的题目一般较多,且包含一定量的变式题,以确保学生基础知识和基本技能的掌握。有时候,练习所需的题目也可由计算机程序按一定的算法自动生成。

基于 CAI 的练习指导数学教学模式在实践过程中有两种不同的方法,一种是教师在配有多媒体条件的教室中向学生呈现练习题,并给予学生适时的指导;另一种是在网络教室里,学生人手一台机器,教师通过教师机指导和控制学生的练习。在以上两种方法中,较为常见的是第一种,因为与第二种相比,第一种方法对教学硬件的要求较低,且可操作性较强,但其也有一个缺点,即利用计算机技术的层次较低,教师的指导只能是部分的,学生解答情况的分析和展示也只能暴露少数学生的学习情况,代表性不强。后者对硬件的条件要求较高,但练习和指导的效率都很高,是计算机辅助数学教学的一种发展趋势。因为,在网络教室这一教学环境中,教室可以适时掌握每一个学生的学习情况,及时发现其在学习过程中所遇到的困难,并给予指导;在发现一种好的解题方法或具有代表性为问题时,教室也可以将其展示在大屏幕上;指导学生利用网络进行谈论与相互学习,互通有无,资源共享。总之,网络教室内的练习指导教学模式,人机对话的功能发挥较好,个别化指导水平较高,使能力差点的学生可以得到更多的关心,能力强些的学生得到更好的发展,能够较大幅度地提高数学教学的效率。

3. 基于 CAI 的数学实验教学模式

这一教学模式主要指的是将计算机作为实验工具,在遵循数学教学规则与相关理论的基础上,将数学素材作为实验对象,运用简单的对话方式或复杂的程序操作的实验形式,将数值计算、符号演算、图形变换等作为实验内容以实例分析、模拟仿真、归纳总结等为主要实验方法,以辅助学数学、辅助用数学或辅助做数学为实验目的,以实验报告为最终形式的上机实际操作活动。学生在做数学实验的过程中,通过个人独立探索、小组合作研究或者组织全班学生讨论,主动参与发现、探究、解决问题等活动,从中获得数学研究的过程体验和情感体验,产生成就感,进而开发创新潜能。

这一教学模式的具体思路为：立足于数学教学的实际情况，学生在教师的指导下设计研究的具体流程，并在计算机上进行探索性实验，提出猜想、发现规律、进行证明或验证。在这一思路的指导下，基于 CAI 的数学实验教学模式的具体环节可分为五个，分别是创设活动情境→活动与实验→讨论与交流→归纳与猜想→验证与数学化。

大数学家欧拉曾经说过："数学这门科学，需要观察，也需要实验。"通过对传统数学课堂教学的研究可以发现，我国的数学教学受多种因素的影响和限制，基于此，演绎推理一直是数学课堂教学的重点，数学教学的实验科学性为人们所忽略，从而使得学生并没有树立一种数学也是可以被发现和被创造的意识。在基于 CAI 的数学实验教学模式中，学生则可以较为直观地观察到数学知识的产生过程，由传统的"听数学"转变为"做数学"，既可以锻炼学生的动手能力，同时也可以激发学生进行探索式学习的热情。

4. 基于 CAI 的问题探究数学教学模式

这一教学模式主要指的是运用计算机软件的帮助构建一定的问题或问题情境，让学生在这一数学情境中进行独立或探究式学习，在思考、解决问题的过程中获取知识和发展能力。这种教学模式不仅适用于一般数学概念、命题、原理的学习，而且适用于数学法则、思想方法、建模应用等方面的学习。由于该教学模式对学生各方面能力的要求较高，但不管哪些知识的学习，都需留给学生较宽松的探究活动余地和"数学发现"的机会。

就目前计算机辅助数学教学的环境条件而言，基于 CAI 的问题探究数学教学模式的应用路径主要有两种，一种是计算机提供问题（必要时可提供求解这类问题的程序），由学生探究问题的解决办法，并从解决问题的探究过程中归纳、概括出一般原理，从而获得所要学习的知识；另一种是计算机呈现问题情境，由学生根据问题情境所涉及的背景材料自己确定问题、提出假设和建立解决问题的程序，然后将有关的数据资料、操作程序输入计算机执行，通过学生的自主探究，验证假设，得出结论。

在数学学习的过程中，经常会遇到一些不容易解决的问题，尤其是需要抽象、概括建立数学模型的问题，或需要复杂运算的问题，或涉及图形动态变换的问题等。计算机技术的应用可以使这些问题更生动、更具有吸引力，也拓宽了问题探究的路径。

5. 基于 CAI 的数学通讯辅导教学模式

这一教学模式主要指的是教师在将与数学教学内容有关的材料通过多媒体的帮助以电子文本的形式传输给学生,从而对课堂教学中的信息资料和数学活动情景进行再现,帮助学生获得更多的指导和辅助,实现数学教学由课内向课外、由学校向家庭的延伸。

事实上,由于各种主客观条件的限制,单单课堂里的数学教学尚有较大的局限性,无论是知识的掌握还是能力的发展,学生都需要得到进一步的辅导。凡是有课堂听讲经历的都会有这样一种感受:如果在课堂上及时思考老师提出的问题或参与讨论、合作活动,可能就没有充分的时间"记好课堂笔记"。利用计算机技术可以很方便地解决这个问题:上课时学生可以不必花大部分精力写笔记,而是用在独立思考与合作交流等数学活动中。课后,学生只需将教学内容的电子资料拷贝下来,根据自己的需要下载课堂教学的任一部分内容,反复琢磨,达到复习巩固的目的。或者,学生利用家里的网络登陆教师的网站,向教师进行在线咨询,实现课后辅导的无地域化。学生还可以针对自己的情况选择不同层次的学习内容,教师则可以针对学生的实际水平,实现个别化辅导为主的分层教学。而且,还可以发挥计算机的即时反馈功能,对学生的作业随时予以指导和评价,有效地克服了传统数学教学中"回避式作业批改"的反馈滞后性、缺乏指导性等缺陷。此外,计算机还有很强的评价功能。经过一段时间的学习,计算机就可做出评价,使学生了解学习的效果。典型的、反复出现的错误,计算机还可以针对性地加以强化,使薄弱环节得到反复学习。

就当前数学教学的环境条件而言,实施基于 CAI 的数学通讯辅导教学模式主要还是教师制作课件和电子辅导资料供学生拷贝使用,或向学生介绍相关的数学学习网站登录自学。随着网络技术的高速发展,教师应当建立一个适合自己所教学生的个人数学教学辅导网站,将数学辅导材料传输于网上,随时供学生调阅、探讨。当然,这种网络辅导方式不仅对教师的精力和能力是一种考验,而且也需要学生家庭经济状况的支持。一些有条件的学校的教师,已经做了一些探索和尝试,在自己建立的个人的个人网站上设立丰富多彩的活动板块,有效地调动了学生参与的积极性。例如,教师可以在自己的个人网站上建立一个"知识经脉",借此帮助学生对所学知识进行梳理,形成知识的结构化和系统化;设立"课堂重温",将上一节课的内容上传至网络,方便学生在课下复习课堂内容,回顾所学的知识;设立"课外辅导",用于学生的同步练习、竞赛辅导以及自我测试等;设立"教学反馈",公布每次作业和考试情况,收集一些典型错误,即使在期末复习时亦可查看;设立"成果展示",表彰进步的学生,展示他们的小创作、小论文等;还有学习论坛,网站链接等。通过以上不同形式的网络教学,激发学生对数学学习的兴趣,在拓宽其知识获取渠道的同时,锻炼并提高学生获取知识的能力。

6. CAI 课件

(1)CAI 课件的设计原则。

数学 CAI 课件旨在利用多媒体技术对数学教学内容进行综合处理,借助文本、声音、场景、图像、动画等多因素的综合作用控制教学过程。因此,课件设计与制作中不仅应考虑技术因素,还应突出数学特性。那么,如何设计出真正体现以学生为主体,做到因材施教的数学 CAI 课件是数学教育技术的关键所在,其设计原则为主要有以下几点:

第一,科学性与实用性相结合原则。

科学性是数学 CAI 课件设计的基础,就是要使课件规范、准确、合理,主要体现在:内容正确,逻辑清晰,符合数学课程标准的要求;问题表述准确,引用资料规范;情景布置合理,动态演示逼真,不矫揉造作、哗众取宠;素材选取、名词术语、操作示范等符合有关规定。

课件设计的实用性就是要充分考虑到教师、学生和数学教材的实际情况,使课件具有较强的可操作性、可利用性和实效性,主要体现在:性能具有通识性,大众化,不要求过于专门的技术支撑;使用时方便、快捷、灵活、可靠,便于教师和学生操作、控制;容错、纠错能力强,允许评判和修正;兼容性好,便于信息的演示、传输和处理。

数学 CAI 课件的设计应遵循科学性和实用性相结合的原则,既要使课件技术优良、内容准确、思想性强,又要使课件朴素、实用,遵循数学教学活动的基本规律和基本原则。一款优秀的数学 CAI 课件应该做到界面清晰、文字醒目、音量适当、动静相宜,整个课件的进程快慢适度,内容难度适中,符合学生的认知规律等。

第二,具体与抽象相结合原则。

数学的学习重点在于概念、定理、法则、公式等知识的理解和应用,高度的概括性和抽象性是以上知识的显著特征,同时也学生感到数学学习存在一定的原因。基于此,在数学教学过程中,教师可以在一定程度上弱化数学本身的抽象性,实现抽象与具体的相结合。在设计 CAI 课件的过程中,教师可以将所学内容中较为抽象的知识运用计算机的辅助,进行引例、模型和直观的具体的方式展现在学生面前,实现教学效果的最大化。例如,在学习初等函数和复合函数时,教师可以运用几何画软件将这些较为抽象的函数演变为具体的图像,借助图形的变化让学生更加直观地了解函数及其变化。

第三,数值与图形相结合原则。

数形结合是研究数学问题的重要思想方法。CAI 课件则可以较好地进行数行结合,具体表现为:在给出数和式子就能构造出与其相符合的图形的同时,也可以给出图形就计算出与图形相关的量值。在 CAI 课件制作过程中,教师应当合理运用计算机数值与图形相结合的功能,通过展示测得的数值和图形的内在联系及其相互转化,用数值和图形两种方式的几何来解释和说明问题,这也正体现了数形结合的思想方法。

第四,归纳实验与演绎思维相结合原则。

波利亚曾精辟地指出:"数学有两个侧面,一方面它是欧几里得式的严谨科学,从这个方面看,数学像是一门系统的演绎科学;但另一方面,创造过程中的数学,看起来却像一门试验性的归纳科学。"因此,数学 CAI 课件设计时,应遵循数学的归纳实验与演绎思维相结合的原则。计算机辅助数学教学最明显的优势正在于为学生创设真实或模拟真实的数学实验活动情境,将抽象的、静态的数学知识形象化、动态化,使学生通过"做数学"来学习数学;通过观察、实验来获得感性认识;通过探索性实验归纳总结,发现规律、提出猜想。但是,设计 CAI 课件时,又必须注意不能使数学的探索实验活动流于浅层次的操作、游戏层面,而要上升到深层次的思维探究层面。也就是说,要把以归纳为特征的数学实验活动引导到以演绎为特征的数学思维活动,经二者内在地融合在一起,才能真正体现出计算机辅助数学教学的优越性。

第五,数学性与艺术性相结合原则。

在制作数学 CAI 课件时,应当实现数学性与艺术性的完美融合。一个优质的课件应当实现内容与形式美的统一,所展示出来的图形应当在结构上是对称的,在色彩上是柔和的,搭配上是合理的,让教师和学生产生一种艺术美的享受。但是,应当注意的是,数学性还是这一课件的根本所在,应使数学性和艺术性和谐统一。数学教学的图形动画不同于卡通片,其重点并不在于对界面、光效、色效、声效等的渲染,而是要尊重数学内容的严谨性和准确性,即数学性。在数学 CAI 课件中,所有图形的位置变换都是准确测算的结果,看起来会有些"走样"。为了使学生看到"不走样"的图形效果而进行艺术加工,必须以不失去数学的严谨性、准确性为前提。此外,无论是数学的概念、定理、法则的表述,还是解题过程的展示,都要力求简洁、精练,符合数学语言和符号的使用习惯,做到数学学科特性和艺术性的融合统一。

（2）数学 CAI 课件的制作工具。

常用的数学 CAI 课件制作工具有：Logo 语言、Power Point、Mathematica、Macromedia、Matlab、几何画板等。

①Logo 语言。

Logo 是一个教育哲学名称，也是一种程序设计语言。Logo 程序设计语言环境起源于建构主义哲学，被设计用来支持建设性学习。建构主义认为知识是由学习者与周围的人和世界交流形成的概念。Logo 是为学习而设计的语言，它是讲授学习思维和思维过程的优秀工具。Logo 的特点是"起点低、无上限"，更接近于自然语言，而且提供了海龟作图的学习环境。Logo 语言是一种结构化的程序语言。其特点：一是交互式的，为人们提供了良好的编程环境；二是模块化，便于程序的修改与扩充；三是过程化的，包含了参数、变量、过程等重要概念，并允许递归调用；四有丰富的数据结构类型、生动的图形处理功能和精彩的字表处理功能。

②Power Point 与 Mathematica。

Power Point 具有一些高级编程语言特点。因此，能很简便地将各种图形、图像、音频和视频素材穿插到课件中，从而使课件具有强大的多媒体功能。Power Point 制作的多媒体课件可以用幻灯片的形式进行演示。所以，它又被称为"演示文稿"制作软件或"电子简报"制作软件。

Mathematica 是一个集成化的计算机软件系统。它的主要功能有三个方面：符号演算、数字计算和图形处理。它具有强大的符号计算功能，例如：化简多项式、求代数方程（组）的根、求函数的极限、微分和不定积分，以及画出给定函数的二维或三维图形等。Mathematica 是一个交互式软件，在键盘上输入一个表达式，计算机就能将计算结果显示在屏幕上。在建立数学模型解决应用性问题时，可采用该软件方便、迅速地实验和验证自己的想法，从而将精力集中在问题的分析上。

③Authorware、Director、Flash。

Authorware 作为专门的多媒体课件编写系统，融合了计算机高级语言和编辑系统的特点。已经发展到 Authorware 6.0 它以图标（Icon）为基础，以流程图为结构环境，再加上丰富的函数和程序控制功能，能够很好地处理文字、图形、图像、生意、动画等效果，直观形象地体现教学思想，即使不懂程序设计的 CAI 课件编写系统，处理数学教学中的一些问题针对性还不够强，因而它在数学 CAI 中的使用率还不高。

Director 是二维动画的标准，具有强大的二维动画制作功能，对动画的编排细微,转化效果好,媒体兼容度高,轻松实现各种特技效果。缺点是比较难学,不易上手。

Flash 是一个基于矢量技术的动画创作工具,由于占用空间少,并且支持网络流技术,因而在网页制作、多媒体制作等领域得到了广泛的运用。利用 Flash 制作 CAI 课件,不但空间小,播放效果流畅,而且交互性更为出色。缺点是绘图功能差强人意。

④Matlab。

Matlab 拥有丰富的数据类型和结构、友善的面向对象、快速精良的图形可视、广博的数学和数据分析资源、众多的应用开发工具。Matlab 自问世起.就以数值计算称雄。Matlab 进行数值计算的基本处理单位是复数数组(或称阵列),并且数组维数是自动按照规则确定的。这一方面使 Matlab 程序可以被高度"向量化",另一方面使用户易写易读。

⑤几何画板。

几何画板是探索几何奥秘的一个重要工具。通过对不断变化的几何图形的研究发现其中的几何规律,是几何的精髓所在。例如,在三角形中,无论其位置、大小、方向等发生什么变化,三角形三条中线始终相交于一点;在四边中,四边形的四边中点顺序连接成的图形永远是平行四边形。传统几何教学过程中,通常都是用圆规和纸笔等常规作图工具绘制图形,所绘制的图形是静态的,其中的几何规律不宜被发觉。目前市面上常见的计算机绘图软件虽然可以制作出动态的几何图形,但所绘制的图形大都无法满足几何准确性的要求,有的软件虽然可以制作出符合要求的图形,但软件的使用难度较高,应用于数学教学的可行性不大。此时,几何画板应运而生,它的突出特点就是动态地保持几何关系。几何画板绘制的图形可以动;可以定义动画和移动让图形动起来。而几何画板的精髓就在于——在运动中保持给定的几何关系。中点就保持中点,平行就保持平行。有了这个前提,就可以运用几何画板在变化的图形中,发现恒定不变的几何规律了。几何画板像很多 Windows 环境下的绘图软件一样提供了画点、画线和画圆的工具。在这方面,几何画板更注重数学方面的准确性:线分为线段、射线和直线;画的圆是正圆。几何画中的"作图"菜单可以帮助用户快速地绘制常用的尺规图形。比如:平行线、以圆心和圆周上的点画圆等。几何画板提供了旋转、平移、缩放、反射等图形变换功能,可以按指定值、计算值或动态值对图形进行平移、旋转和缩放等变换。几何画板还提供了度量和计算功能,比如测量线段的长度、测量一个角的角度等等。对测量出来的值也可以进行计算。此外,几何画板还有坐标系功能,与其他功能相配合可以绘制多种函数图像,比如:直角坐标系下的正弦函数图像、极标系下的摆线、参数方程图像、函数曲线族等。为研究方程、函数和曲线提供了方便条件。

几何画板的主要组成部分是画板和脚本。"绘图"(称为"画板")描述具体的几何图形,强调空间的推理;"记录"(称为"脚本")则用语言或数学逻辑方式来描述几何图形的构造过程。在"画板"窗口中,可以用对应笔、直尺、圆规的绘图工具绘制图形。在"脚本"中,可以录制作图的步骤,也可以在画板中按照"脚本"中的作图步骤自动生成一个新的图形。这样的一个个脚本还可以被定义为新的工具。比如,原来几何画板不提供直接画椭圆的工具,当用户把画椭圆的过程变成脚本后,再画椭圆就可以直接用这个小脚本工具了。

(3)数学 CAI 课件制作的步骤。

数学 CAI 课件的设计与制作一般要经由以下步骤:选择课件主题,对课件主题进行教学设计,课件系统设计,编写课件稿本,课件的诊断与测试等。

①选择课件主题。

课件的选题非常重要,并不是所有的数学教学内容都适合或有必要作为多媒体技术表现的材料。一般来说,选题时应注意以下几个方面:

一是性价比。制作课件时应考虑效益,即投入与产出的比。对于那些只需使用常规教学方法就能很好实现的教学目标,或者使用多媒体技术也并不能体现出多少优越性的教学素材,则没有必要投入大量的精力、物力制作流于形式的 CAI课件。

二是内容与形式的统一。课件的最大特点是它的教学性,即对数学课堂教学起到化难为易、化繁为简、化抽象为具体等作用,避免出现牵强附会、画蛇添足、华而不实的应付性课件。课题的内容选取时应做到:选取那些常规方法无法演示或难以演示的主题;选取那些不借助多媒体技术手段难以解决的问题;选取那些能够借助多媒体技术创设良好的数学实验环境、交互环境、资源环境的内容。

三是技术特点突出。选择的课件主题应能较好地体现多媒体计算机的技术特点,突出图文声像、动静结合的效果,避免把课件变成单纯的"黑板搬家"或"教材翻版"式的电子读物,使数学教学陷入由"人灌"演变成"机灌"的窠臼。

②对课件主题进行教学设计。

教学设计是数学 CAI 课件制作过程中的重要环节之一,其内容主要涵盖教学目标的确定、教学任务的分析、学生特征的分析、多媒体信息的选择、教学内容知识结构的建立以及形成性练习的设计。

③课件系统设计。

课件系统设计是制作数学 CAI 课件的主体工作,直接决定了课件的质量。具体包括以下几个环节:

课件结构设计:数学 CAI 课件的结构是数学教学各部分内容的相互关系及其呈现的基本方式。设计课件的结构首先要把课件的内容列举出来,合理地设计课件的栏目和板块,然后根据内容绘制一个课件结构图,以便清楚地描述出页面内容之间的关系。

导航策略设计:导航策略是为了避免学生在数学信息网络中迷失方向,系统提供引导措施以提高数学教学效率的一种策略。导航策略涉及以下几个方面:检索导航——方便用户找到所需的信息;帮助导航——当学习者遇到困难时,借助帮助菜单克服困难;线索导航——系统把学习者的学习路径记录下来,方便学习者自由往返;导航图导航——以框图的方式表示出超文本网络的结构图,图中显示出信息之间的链接点。

交互设计:交互性是数学 CAI 课件的突出特点,也是课件制作需要重点关注的问题。一般可设计成以下几种类型的交互方式:问答型——即通过人机对话的方式进行交互,计算机根据用户的操作做出问题提示,用户根据提示确定下一步的操作;图标型——图标可以用简洁、明快的图形符号模拟一些抽象的数学内容,使交互变得形象直观;菜单型——菜单可以把计算机的控制分成若干类型,供用户根据需要选择;表格型——即以清晰、明细的表格反映数值信息的变化。

界面设计:课件的操作界面反映了课件制作的技术水平,直接影响课件的使用效果。界面设计时应该在屏幕信息的布局与呈现、颜色与光线的运用等方面加以注意。

首先,屏幕信息的布局应符合学习对象的视觉习惯。一般来说,各元素的位置应该是:标题位于屏幕上中部;屏幕标志符号、时间分列于左右上角对称位置;屏幕主题占屏幕大部分区域,通常以中部为中心展开;功能键区、按钮区等放在屏幕底部;菜单条放在屏幕顶部。

其次,屏幕上显示的信息应当突出数学教学内容的重点、难点及关键,信息的呈现可适当活泼,比如,采用不同字体和不同风格修饰文字。另外,信息量过大会分散学生的注意力。

最后,颜色与光线的运用,应注意颜色数量的种类要恰当,光线要适中,避免色彩过多过杂,光线太过耀眼或暗淡;注意色彩及光线的敏感性和可分辨性,对不同层次和特点的数学内容应有所对比和区分。一般来说,画面中的活动对象及视角的中央区域或前景应鲜艳、明快一些,非活动对象及屏幕的周围区域或背景则应暗淡一些;注意颜色与光线的含义和使用对象的不同文化背景及认知水平,如果使用对象为小学生,课件屏幕可鲜艳、活泼一些,而使用对象为中学生特别是高中生,课件屏幕则应以高雅恬淡、简洁稳重为主。

④编写课件稿本。

课件稿本是数学教学内容的文字描述,也是数学 CAI 课件制作的蓝本。稿本可分为文字稿本和制作稿本。文字稿本是按数学教学的思路和要求,对数学教学内容进行描述的一种形式。制作稿本是文字稿本编写制作时的稿本,相当于编写计算机程序时的脚本。

⑤课件的诊断测试。

制作完成的数学课件要在使用前和使用后进行全面的诊断测试,以便进行相应的调整、修正,进一步提高课件的制作质量。诊断测试是根据课件设计的技术要求和设计目标来进行的,具体包括功能诊断测试和效果诊断测试。功能诊断测试包括课件的各项技术功能,如对教学信息的呈现功能、对教学过程的控制功能等。效果诊断测试是指课件的总体教学效果和教学目标完成的情况。下面是对数学 CAI 课件的诊断测试评价标准。

内容:课件中显示的文字、符号、公式、图表以及概念、规律的表述是否正确,呈现的数学知识及思想方法是否准确,对学生来说难度是否适当,问题的设置是否考虑了学生的"最近发展区",是否具有教育价值等。

教学质量:数学教学过程的展开逻辑上是否合理,信息的组织搭配是否有效,多媒体运用是否适当,课件能否有效地激发学生的兴趣和创造力,问题情境的创设是否具有启发性和引导性,对学生的回答是否能有效地加以反馈等。

技术质量:操作界面设置的菜单、按钮和图标是否便于师生操作,各部分内容之间的转移控制设置是否有效,画面是否符合学生的视觉心理,课件能否充分发挥计算机效能,补充材料是否便于理解等。

此外,数学 CAI 课件的制作形式可以不拘一格,应根据数学教学的具体内容特点灵活确定并选择。例如,从课件容量的大小范围来说,小的课件可能只是一个知识点或一种数学方法的介绍与解释,只需要播放或展示几分钟;而大的课件可能涉及一个单元甚至整本教材,需要较长时间的连续性学习。

上述的几个环节只是大致说明了数学 CAI 课件制作的纲要框架。实际上,一个数学 CAI 课件的制作是动态生成的过程,在这一过程中,还会涉及许多不确定的因素,需要根据当场的现实情境具体问题具体分析。例如,对于同样的教学内容,若使用不同的课件制作软件,就会产生不同的界面效果。

3.3.2 远程网络教学

随着网络技术的发展和普及,网络教学应运而生,它为学生的学习创设了广阔而自由的环境,提供了丰富的资源,拓延了教学时空的维度,给当前的教学内容、教学措施与教学形式带来了巨大的挑战,必将对转变教学观念、提高教学质量和全面推进素质教育产生积极的影响。

1. 网络教学的特点

(1)交互性。

传统教学中,教师与学生之间存在的关系通常具有单向性,即由教师传授至学生学习。学生无法获得向教师全面阐释自身关于问题的主张和独立处理问题的整个过程的机会。一个班级的同学不会经常交流与学习有关的问题,更不用提同其他班级的学生进行合作。网络教学的设计能够让师生通过交互的形式传递信息,教师能够依照学生回复的情形对教学进行完善。除此之外,学生还能够请教从事网络服务的学者,同时阐述自身的主张。学生能够利用各种网络技术,如 E-mail与网络论坛等进行互动,能够利用网络探讨各种各样的问题,在此基础上,学生不但能够通过独立的探索,而且能够通过与其他学生的交流提升自身的知识水平,进而实现形成与完善自身知识的目标。

(2)自主性。

因为网络可以将各种各样、形象生动的学习资源提供给学生,学生能够在网络的帮助下积累数量庞大、视野开阔、层次广泛、形态各异的学习资源。相较于过去教学将信息源限定在教师或数本教材与参考书上,当前的网络教学使得学生的自由选择范围有了极大的扩展。此为学生自主学习提供了条件,奠定了基础。网络学习能够融合接受、说明与传递三个方面。凭借说明与传递的客体,学生赢得一种满足感,进而提升学生的学习积极性与主动性。

(3)个性化。

传统教学在很大程度上束缚了学生的创造力,主张通过相同的内容与永远不变的形式对相同模式的人才进行培育。教师在教学过程中仅能以大部分学生的需求为参照,即便开展个别教学,也仅能给予一些学生很少的帮助。网络教学开展的沟通和学习具有异步性。学生能够按照教师的计划与自身的现实状况组织学习。学生在和教师之间通过网络交流后,能及时了解到自己的进步与不足并及时进行调整。通过网络,学生的学习、交流和获取在线资源就可以摆脱时间的束缚,进而真正达到教学的个性化。

2. 网络教学基本模式

(1)讲授型模式。

讲授型模式在中国原先的教学中占据主导地位,其具备单向传递的特点,即教师讲,学生听。利用网络开展该教学模式具有突出的优势,具体表现为,其摆脱了过去课堂人数与场所的束缚。然而其弱点也不容忽视,即无法营造出师生直接互动的气氛以及现实的学习情境。通过网络开展讲授型模式能够划分为两种形式,即同步式与异步式。其中,同步式指的是上课时,师生处在不同的空间,但是学生能够在一个时间听取老师的讲解,并且师生可以进行部分互动。此同原先的教学模式没有任何差别。异步式通过 Internet 的 WWW 服务及电子邮件服务进行教学。这种模式的特点在于教学能够整天开展,所有学生均能够按照自身的现实状况对学习时间、内容与进程进行规划,能够随时通过网络获取学习资源或向老师提问,强调学生具备更高的学习积极性与自发性是其很大的优势。

①同步讲授型。

所谓同步式讲授,指的是处于不同位置的师生于相同时间进行访问,开展网络进行。教师运用该教学模式时,在远程授课教室里依靠多种方法,如直观演示、口头讲解、文字阅读等,将教学信息教授给学生,此类信息通过网络传输至学生所处的远程学习教室,学生利用观察感知、教材理解、领悟运用等开展学习,师生能够利用特定平台开展互动,教师最后必须抓紧时间评估学习成效。依靠网络,教材与学生作业能够完成即时显示与传送。此类材料一般通过文本、图形、声音以及视频等多媒体信息形式显示。

②异步式讲授。

网络课程与流媒体技术是异步式讲授的技术基础,其中流媒体技术指的是下载与播放同步进行的网络视频点播技术,其具备低带宽占用的特点,该技术能够在网络上实时播放教师讲课的视频与音频。

访问网络课程为学生在异步教学中基本的学习形式,这些网络课程是提前编写好,并被存入服务器中。此类网络课程的网页左边一般以树状结构为主,右边为与章节相对应的内容,可以在听取老师讲解的过程中阅读课程内容。设计与开发网络过程要符合相关的标准,不但应该将学科的课程架构与内容反映出来,而且应该将老师的教学需要、教学内容和教学评价等领域涵盖进来,此类材料类型多样,文字、声音或视频均符合要求,目的是使学生能够根据要求开展自我检验。

如果学生在异步讲授中碰到难题,就能利用邮件的形式请教相关的老师或学者,也能利用其他方式,如网络论坛、新闻组等同别的在线学生开展共同讨论与交流。

(2)讨论学习模式。

网络可以通过多种形式完成讨论学习,而 BBS 与 CHAT 是其中最简单与最具实效性的形式。这种模式一般是由多个方面的学者与教师在网站上创建有关的学科主题讨论组。学生能够在主题区阐述看法,同时可以评论其他人的观点,参加探讨的全部学生均能观察到所有人的观点与评论。WWW 是近年来在 Internet 上发展最快的服务。如今,人们能够在 WWW 上开展 BBS 服务,学生利用特定的阅览器开展 BBS 讨论。讨论学习模式包括两种类型,即在线讨论与异步讨论。在线讨论与原先教学里的小组讨论有很多相像之处,教师给出讨论主题,学生以小组为单位展开讨论。要想实现深入的讨论,离不开学者与教师的帮助。

①在线讨论。

教师在网络教学中利用网络听取学生的观点,同时引导探讨的主题走上正确的轨道,接着全面归纳探讨过程,评价讨论组中所有学生的状况。在举行讨论时,教师一方面应该积极发现学生论述中的正确方面,并给予相应的表扬,另一方面,为了推动讨论的顺利开展,处理问题或产生部分共同认知,教师应该运用恰当的,容易被学生理解的形式将学生的错误主张指出来,不能运用使学生自信受到打击的语句。其中教师与讨论小组的组长是讨论问题的提出者。

②异步讨论。

所谓异步讨论,指的是学科专家和教师以主题为中心对可以形成辩论的最初问题进行开发,同时在 BBS 系统中构建与其有关的讨论组,学生进入任意讨论组,发表自己的主张,加入讨论之中;教师还应该把可以引导探讨逐步向深层次发展的后续问题开发出来,使学生的学习有进一步提升的空间。教师在讨论时应该利用问题对讨论进行引领,不能将学生必须做的事直白地;教师应该对学生在讨论时的状况进行恰当的评估。

该讨论可由组织者规定一个讨论时间,学生在此时间段内均能在讨论组中阐述自己的观点或评论其他学生的观点,教师应该如期察看与评估讨论组中的发言,同时找出部分新问题让学生的讨论向深层次发展。

(3)探索式教学模式。

探索式教学的前提为,相较于教师纯粹的灌输知识,学生在处理现实问题的过程中进行学习的效果更为显著,思维更为活跃,学习成效涉及的范围更大。探索学习模式在 Internet 上涉及的范围很广,利用网络将问题发给学生,要求学生加以处理。并且,为学生处理问题提供很多有关的信息资源。此外,学生在学习时遇到的问题还能获得相关学者的指导。探索学习模式没有很高的技术要求,同时能提升学生的学习热情、自发性与创新性,可以避免原先教学过程中的很多不足,运用前景非常明朗。

(4)协作学习模式。

所谓协作学习,指的是学生为实现一致的学习目的,分成小组参加,在一定激励机制下使自身与别的学生的学习成效最大化,而彼此合作的所有相关行为。建立在网络上的协作学习指的是以网络和多媒体等技术为基础,对于相同的学习内容,学生之间进行互动,开展协作,从而实现准确认知和把握教学内容的目的的过程。协作学习对学生提升认知能力和产生健康情感发挥着积极影响,所以,许多教师对其极为重视。

3.4　现代信息技术与数学教学的整合

3.4.1　现代信息技术与数学教学整合的内涵

贯彻落实数学新课程,必然是挑战与机遇并行。数学教学在信息技术的基础上获得了新的起点与广泛的发展空间。所以,对信息技术与数学教学的整合进行探索,能够让人们明白开展数学教学应该以科学的教育理论为基础,更新教育理念,调整课堂教学,完善教学方式与措施,推动教育思想和教学模式的全面进步。

信息技术和数学教学整合的其核心就是把信息技术融入数学学科的教学中去,在教学实践中充分利用信息技术手段得到文字、图像、声音、动画、视频、甚至三维虚拟现实等多种信息运用,充实教学容量,丰富教学内容,使教学方法更加多样、灵活。真正使教师充分熟练地掌握信息技术,特别是计算机的操作,转换计算机辅助教学的思路,进行新的更富有成效的数学教学创新实践。

3.4.2 信息技术与数学教学整合的策略

1. 课件的设计中应尽量加入人机交互练习

一个 CAI 课件的结构主要有顺序结构与交互结构两种。缺乏交互性的课件与一盒录像带没有什么区别。针对多媒体技术功能发挥不够,CAI 课件制作不当,设计中存在着形式主义的问题,在多媒体和超文本结构所组成的 CAI 课件设计中应尽量加入交互结构,以充分发挥多媒体的巨大功能,并使界面丰富,不但使教师的运用更加简便,而且能够让教师按照教学现状对教学内容进行设置与安排。因此在制作中应尽可能多的采用交互架构,完成教师和计算机、学生和计算机以及师生的双向互动,从而达到在教学中提高课堂教学效率,突破重点、难点,提高学生素质与培养学生能力的目的。同时,设计 CAI 课件时,适当加入人机交互方式下的练习,以加强计算机与学生之间积极的信息交流,既可请同学上台操作回答,也可在学生回答后由教师操作。这样做能活跃课堂气氛,引导学生积极参与到教学活动中,真正提高多媒体的技术功能。

2. 充分发挥教师的主导和学生的主体作用

教师不应该将自身局限在计算机使用者的领域,不应该让课件束缚自己,尤其不应该为了实现电教化削足适履,不根据实际情况进行呈现。其实,好多数学课并不需要计算机辅助教学,值得注意的是:首先,教师的启发与引导作用是其他任何教学手段都不能代替的;其次,数学学科在培养学生的思维能力方面发挥着其他学科不能替代的作用。所以,不能用演示课取代数学课,教师要对学生怎样通过 CAI 课件展开数学化的探索给予指导,指导其怎样把现代信息技术运用到数学学习与处理问题的过程中,让学生能够依靠它们计算烦琐的数值,解决实际问题,积极参与数学学习,提升学生学习的主动性,使学生的主体性得到增强。

3. 注意效果的合理运用

CAI 课件仍然是一种辅助教学手段,它仅能够起到辅助作用。各种效果的应用能够提升课件的吸引力,然而使用应该合理,遵循使学生注意力得到集中的要求。比如,恰当地组合色彩,画面的颜色不宜过多,渐变效果不宜过为复杂等,以克服课件制作与使用中的形式主义。在当前,CAI 课件大多通过多媒体方式辅助教学过程中的特定部分、重点内容的教学。教师必须积极探索,将其合理地运用在课堂教学领域,促进课堂教学质量与成效的增强。

4. 积极开发有利于学生主体性发挥的教学课件

目前教学课件的状况是:一是 CAI 课件缺乏;二是劣质多媒体课件较多;三是所制作的 CAI 课件通用性不强、适用性差;四是多数课件忽视学生的主体性。针对这些状况,积极开发与利用既适合于学生实际又有利于学生主体性发挥的教学课件显得十分必要和迫切。

第4章 数学教育研究

国内,数学教育研究的成果得不到相应的学术认可。所以数学教育研究的理论水平的提升、特别是研究方法的改进,日益迫切。本章在对数学教育研究进行概括性论述的基础上研究了数学教育实习、数学说课与数学微格教学、数学教育论文写作。

4.1 数学教育研究概述

4.1.1 数学教育研究的定位与课题类型

1. 数学教育研究的定位

数学教育学的命名,至今没有得到教育界的认可。在学位授予权的"分类"中,数学教育属于"课程与教学论"。理由是:教育学只有一个,不可以再有一个数学教育学。如此庞大的数学教育研究队伍,只能挤在"课程与教学论"的名义下共享一个"数学教学论"的研究方向。国际上,Mathematics Education 已是通用名词,学科教育专家成为教育学院的主要成员,教育研究经费大半投入学科教育研究。这一切中国还做不到。数学教育学要成为一门独立的学科,外部的重视当然是要紧的。但归根结底,还在于自身学术水平的提高。一般教育学理论,当然对数学教育有指导作用。但如果数学教育研究,只是一般教育理论的注释或引申,不能构建自己的理论体系,发现自己的基本规律,那么数学教育研究的相对独立性就没有了。事实上,数学教育和一般教育之间,应该是互动的。正如物理学和航天飞行研究之间,既彼此联系又互相区别。这是我国数学教育研究工作者未来努力的目标。

　　新加坡国立教育学院李秉彝教授曾提出"上通数学,下达课堂"。数学教育应当研究数学教育的特定规律。也就是说,不能只谈论一般的教育学、心理学道理,没有数学的参与,也不能空谈抽象的理论,与课堂教学脱节。目前这两种倾向都存在。在初级阶段,"教育＋数学例子"的研究方式难以避免,但绝对不是终极目标。

　　如果没有学科教育(包括数学教育)的研究,一般教育学研究的资源也就枯竭了。现在许多教育研究会引用小学生的数学内容作为原材料,类似数学教育。但是,教育家目前似乎还没有能力研究中学数学内容的认知过程。这些正是数学教育工作者应该努力的所在。

2. 数学教育研究的课题类型

　　(1)理论性课题。

　　理论性研究需要高度的创新精神和研究积累。例如,皮亚杰创立的数学结构主义教学观、"大众数学"教学的提出、弗赖登塔尔关于"数学再创造"学说的建立等。我国关于"双基＋发展"的数学教育理论的建设也是具有创新价值的研究。

　　理论性课题包括:①对构成数学教育科学体系具有全局性影响的核心概念、基本范畴和基本原理作突破性研究的课题,这类课题具有开创性和全局性,是属于难度较高的课题;②对数学教育中某一领域已形成的概念和原则做更为深入的研究,使它更完善,更具体,属于补充性发展;③对数学教育理论的个别原理、概念等做修改或是更为详细说明的研究课题,研究者只要充分掌握相关资料,具有分析综合的思维能力,并且对某个问题有自己的理解。

　　理论性研究必须创新,并且从大量的实践经验中总结得出,现在有一种倾向,抄一些一般教育学的论述,空洞地解说一番,既无创见,又无实证,成为信息重复的学术垃圾。这是我们应当避免的。

　　(2)应用性课题。

　　这类课题是数学教学产生的实际需求。例如,目前正在进行的"数学课程标准实验教科书"的编制,就是运用一系列数学教育理念所完成的应用性研究。此外,运用创新教育思想进行"数学研究性学习"的课题,"数学开放题教学模式"的课题,都属于这一类。

　　一般而言,应用性课题包括:①设计数学教育实践中某些全局性问题,它要求能够提出前人没有提出过的解决问题的方式方法,并能在较大范围内进行推广,对数学教育实践的发展具有直接的推动作用;②涉及数学教育实际问题的具体课题,它主要是指数学教育的原理、原则和方法等在数学教育领域的具体运用,而不涉及这些原理、原则和方法本身；③与个别实际问题的解决相关的课题，它的研究成果适用的范围更小，大多局限在与该课题研究条件接近的范围内提出解决问题的方法，并往往局限于一些操作性问题上。这类课题在现实中大量存在，每一位研究者都可在自己的实践活动中找到相应的课题。

（3）案例研究。

案例是实践经验的积累，也是理论概括的基础。苏联克鲁捷茨基的《中小学生数学能力心理学》实际上是一种案例研究。近几年来，美国的数学教育案例介绍到中国，我国自己的案例研究也大量出现。这些案例，不是教案，不是教学实录，而是摘取一些片段，进行分析。相当于生物学研究中的标本。在理论尚不能完满地回答数学教学实践的问题时，案例研究将处于十分重要的位置。案例研究是适合一般数学教师进行数学教育研究的形式。

（4）资料性课题。

数学教育研究需要长期的积累。一些原始的资料，例如，13 岁学生数学成绩的国际调查，男女学生数学成绩的比较等，是国际上的研究热点。我国也有这样的研究，例如，田中等关于我国学生"整式运算"能力的调查，少数民族（藏族、水族等）数学教育的调查等都是资料性课题。

4.1.2　数学教育研究的方法

1．理论性研究

对数学教育价值观、方法论的基础理论性研究涉及数学教育哲学、数学学习心理、教育学等领域，主要研究构成数学教育基础理论的基本概念、基本范畴和基本原理，对数学教育学科体系具有全局性影响。理论性研究分三个层次：①具有开创性的理论奠基工作。比如，瑞士心理学家皮亚杰创立的"数学认知阶段论"、荷兰数学教育家弗莱登塔尔提出的"数学化过程"教学、我国的"大众数学"教学观，以及我国的"双基＋发展"的数学教育理论等都是具有创新价值的研究。②进一步探讨数学教育某一领域已形成的概念和原则，使它更完善或更具体．这类研究属于补充发展性研究。③对数学教育理论的个别原理、概念等做修正或更详细说明，属于深化性研究。研究者只要掌握了相关资料，具有分析、综合的思维能力，并对某个问题有深切的感受和见解，都可进行第二、三个层次的研究。

从事理论性研究，研究者首先必须具有大量实践经验，包括直接经验或间接经验，直接经验更为可靠。比如，皮亚杰曾经对若干儿童做了长达数十年的实际观察,提出了"数学认知阶段论";弗莱登塔尔根据自己几十年的教学经验,提出了"数学化过程"的教学观。其次,研究者必须具有一定的理论积淀,作为分析论证的依据,在此基础上,通过分析、综合、论证,提出个人的新观点。理论性研究是创新的研究,研究者既要具有高度的创新精神,又要具有严谨的科学态度,在事实材料的基础上,通过科学性的理论分析,实证支持,提出有价值的、对实践有指导意义的理论观点。

2. 经验分析法

数学教育是经验性科学,数学教育的成效来自数学教育工作者的经验集成。成熟的数学教师的教学设计会表现出独特的"个性"和"创意",蕴含着他们对数学教学本质的认识。他们的教学表现自然、流畅、蕴含着他们对学生心理的恰当把握和机敏的教育智慧。这些经验对同行来说十分宝贵,教师们通过经验交流,相互启发,对知识产生更深的理解,对教学达到更好地把握。

经验研究是数学教育研究的一个重要方式,适合于数学教师做.经验研究不是空文,不是把一些想法、做法堆砌在一起,它也是实在的研究。经验研究的一般模式是:经验归纳—理论分析—具体案例。经验归纳就是将个人的经验整理归纳为若干方面,概括成要点或论点。理论分析就是以理服人,用理论说明经验的合理性。研究中要说明理论依据,如价值理论、教学理论或其他理论等。同时应添加实证分析,通过实际教学过程中的有效成分支持经验的合理性。最后要给出具体案例,精选经验中有代表性的案例,让读者能够感受到经验的真实性,认定经验的实在性、客观性。

3. 调查或测验法

调查或测验法是有目的地通过观察、测验、问卷以及访谈等方法,或暴露学生的学习问题,或展示教育存在的问题,进而对问题作出科学性分析,并研究解决问题的对策的研究活动。调查和测验法是为了深入了解学生学习的实际情况,弄清事实,借以发现问题,探索教育规律而采取的系统研究步骤和方法。

依据调查或测验的目标,该研究法分为两类。一为常模调查,其目的在于了解学生(或其他对象)的一般情况或寻找一般数据。如通过测验了解某些学校初中生的"空间概念水平"。二为比较调查,旨在比较不同群体或不同时期的教育情况,如对重点学校与一般学校学生数学学习兴趣、动机的差异的调查。

调查与测验得到资料的途径有所不同。调查法主要是通过被调查者的自我陈述获得资料,测验法是通过被研究者完成研究者命制的测验题来搜集有关资料。

调查或测验法的一般步骤是：根据研究目的，确定研究对象；拟定调查或测验表格或答卷；整理调查或测试材料，分析调查或测试结果，形成调查或测试结论；写出调查或测试报告，对所研究问题做出解释，提出问题的意见或建议等。

4. 个案法

选定一个有典型性的个人或一种情境的发展过程为内容，加以剖析，进行研究，获得一个定性的结论，这种研究方法叫作个案法。个案研究法也称为叙事法，把一件事发展的完整过程描述出来，或把一个学生的思维表现展示出来，获得一些有启发意义的结论，可供别人研究同类型的事或同类型的人时参考。个案研究来自研究者长期的观察或一个时期内有目的的教育行动，适合于一线数学教师做。

个案研究侧重对某一件事或某一个人开展工作，通过实验、观察、测试等手段，调查了解与这件事或这个人有关的各方面情况。将这件事的前因后果或将这个人的思维特征弄清楚，经过分析形成结论。例如，弗莱登塔尔教授曾对一位计算经常出错的小女孩进行个案研究，最后诊断出出错原因：并不是她对运算法则不理解、不掌握，而是她的短期记忆有问题。研究者最后提出针对短期记忆障碍儿童的学习辅导措施。又如，某教师有意对所教的两个班进行对比研究，在实验班教学中注意每个数学结论的形式美、简洁性和统一性，在对比班中仍采用常规教学。一段时间后，发现实验班的学生数学审美能力普遍得到提高。这个教师将实验班学生数学审美能力提高的过程记述出来，形成一篇个案研究论文"数学美育在教学中的渗透"。个案研究集中考虑个体特点，提供有关具体、详尽信息，充分展示事物或思维发展的过程，并提出针对同类事物或人的启发性参考意见，这是一种有积极意义的探索，值得在一线教师中推广。

5. 开发性研究

开发性研究主要针对数学课程的开发，包括数学课程标准下数学教材的开发，校本课程的开发，以及现代技术辅助教学的开发。

教材及校本课程的开发是高水平的研究工作。通常研究者需要研究教学大纲或数学课程标准，研究国内外同类教材的长处和不足，取长舍短，用新的方法处理已有教材未能解决或处理不好的问题。开发性研究的成果必须有新的特色，研发成果须经实践检验评定。

现代技术辅助教学课件开发是当前比较流行的开发性研究。《高中数学课程标准》指出"应提倡利用信息技术来呈现以往教学中难以呈现的课程内容，在保证笔算训练的前提下,尽可能使用科学型计算器,各种数学教育技术平台,加强数学教学与信息技术的结合,鼓励学生运用计算机、计算器等进行探索和发现"。随着信息工具越来越普及,信息技术辅助教学开发成为具有广阔前景的研究领域.

校本数学课程开发也有着积极意义,主要针对数学兴趣开发、数学应用及建模材料开发等。这些材料的开发,对激发学习兴趣,促进学生逐步形成和发展数学应用意识,提高实践能力都是十分有好处的。

4.2　数学教育实习

4.2.1　教育实习的目的与任务

1. 教育实习的目的

新型人民教师必须德才兼备,既要有丰富的学科知识和扎实的专业基础,还必须有综合运用并发展这些知识的能力;既要有精湛的教学能力,又应有高尚的道德情操与优良的品质修养。而教学实习对于实习生的各种知识的学习、能力的培养以及优良品质的形成都起着重要的综合作用。所以,高等师范院校教学实习的目的,在于使实习生将所学的教育科学理论、专业知识和基本技能综合运用于教学实践活动,从而培养他们从事中学教学工作的能力,增强他们的专业思想和从事教育事业的光荣感和责任感,为将来能迅速成为一名合格的新型教师奠定基础。

2. 教育实习的任务

为达到以上目的,教学实习安排的主要任务是课堂教学,以及围绕课堂教学的一系列活动。另外,还安排部分课外活动的实习。

(1)课堂教学的实习。

课堂教学是学校教育的中心环节,是教师向学生传授知识的主要形式。课堂教学的好坏,在很大程度上决定着青少年学习成绩的好坏。实习生在教学实习中要积极学习老教师的教学方法和经验,完成一定课时的教学实习任务。要全面熟悉数学教学的每一个环节,如备课、制定课时计划、讲课、课外辅导、批改作业、考试命题和评卷、总结教学经验等。只有这样,才能使实习生受到全面的严格训练,使教学实习切实起到培养中学教师所应具有的业务能力和教学能力的作用。

课堂教学实习是实践性最强的教育过程,它能使实习生直接感受到自己的教学水平对学生学习的质量有很大的影响。由此认识到教师备课必须认真,传授知识必须准确,讲解概念必须清楚,进而增强对教学工作的负责精神。

(2)数学课外活动的实习。

数学课外活动是开展第二课堂的重要途径,是培养学生对数学的兴趣、拓宽中学生的数学知识和增强中学生各种能力的重要手段之一。目前数学课外活动的主要内容之一是开展以各类数学竞赛为主题的课外学习小组活动。所以,实习生在实习期间要进行辅导数学竞赛以及其他数学课外活动的实习。对此,实习生应虚心向原辅导教师学习,尊重原辅导教师的工作安排,认真收集素材与资料,熟悉辅导工作的基本规律,努力提高自己的能力。

实习生在教育实习中,要认真总结经验,将感性知识理性化,将零散知识系统化,进行教学总结,这是一个极为重要的自我提高过程。在这个过程中,应理论联系实际,探索教学规律。这样不仅能促使自己更好地完成实习任务,而且能加速教学水平和教学能力的提高,为今后正式走上教师岗位创造有利的条件。

4.2.2 教育实习的内容与要求

数学教育实习的主要内容包括:了解中等学校数学教学工作的基本规范和要求;以某一阶段的数学教学内容为中心,进行备课、编写教案、预讲、上课、批改作业及成绩考核评定等教学工作全过程的实习;同时参与听课、评议、数学教学专题总结等教学工作的评估性活动,以及指导数学课外活动。下面分别论述数学教学实习的各有关内容及要求。

1. 备课

备课的十备包括:备教材、备学生、备教法、备教具、备语言、备提问、备板书、备练习、备作业、备教学结构。下面着重论述备教材、备学生、备教法和板书设计。

(1)备教材。

教材是教师教学之本,是编写教案的主要依据。实习生只有认真钻研教材,才能掌握教材,只有掌握教材,才能写好教案。钻研教材,对教材要弄懂、吃透,并能融会贯通。即对教材的基本内容、基本概念和要求逐字逐句推敲,对教材要透彻理解、消化,完全熟悉。钻研教材时,实习生首先应学习课程标准,弄清本学科的教学目的和要求,了解本学科的教学内容和体系,进而了解本册教材在标准要求中所担负的任务,弄清所实习单元的组成和要求,最终归结到明确每节课所讲的内容在单元或章节中的地位和作用。这样才能了解全局,把教案编写得切合标准的要求。在熟悉教材与标准的前提下,还要阅读一些必要的教学参考书与资料,以利于更透彻地理解教材和吸取先进经验。

实习生备课时应克服的倾向:①重视教材,忽视标准,即在钻研教材、处理教材方面认真,却不注意研究标准,脱离标准对教材所规定的任务和要求,另搞一套。如对不等式综合应用的教学,如果忽视标准的要求,很容易超标与超越学生的基础,从而忽视了基本不等式的应用与基本技能的训练。②重视资料,忽视教材。有的实习生嫌教材的内容浅、知识少,担心上课的内容不够,尽量选取其他资料上的内容进行补充,从而冲淡标准的要求与基础的训练,超越了中学生接受知识的能力。

(2)备学生。

备学生就是备课时要研究和了解教学对象。备学生的目的在于做到因材施教,有的放矢。要取得好的教学效果,必须先了解学生,这对初次面对学生的实习生来说显得尤其重要。对学生的了解包括学习的目的、态度、兴趣和方法,掌握数学"双基"的情况,对数学的理解能力和接受能力,学习其他课程的情况,影响学习的思想、生活情况等。当进入实习学校后,实习生除熟悉环境、听课观摩、听情况介绍外,就应多接触所实习班级的学生,注意从平时和课前去了解学生。平时主要通过课堂观察、检查作业、个别辅导、课外活动、交心谈心等方式进行。课前主要是通过课前预习或预习检查进行,如了解学生在预习中的理解程度、存在的疑难问题和学习要求等。从了解学生的过程中发现主要的问题,并分析原因,找出解决的办法,然后对原来钻研教材的结论加以补充修改,使之适合学生实际。

在实习中,容易存在重视教材、忽视学生的倾向。其主要原因是实习生在进入实习学校之前很少接触学生,对备学生认识不足,体会不深。实习生在进入实习学校后,往往有一段见习备课时间,所以,应充分利用这段时间,对自己的学生进行了解,包括学生在学习本课时将出现哪些困难,会产生什么问题,应采取何种方法教学使其易于接受等。随着实习工作的进展,实习生更应逐步深入学生中,有计划地重点进行调查研究,然后再深入备课。

(3)备教法。

实习生应根据教学目的、教材内容和教学对象,运用教育学科的理论,遵循教学原则,选择适当的教学方法,有效地实现教学任务。特别要善于运用启发式教学,开展有效的师生双边活动,发挥教师的主导作用与学生的主体作用。在备教法时,应克服重知识、轻教法的倾向;克服"用大学的教法,备中学的课"的倾向。

(4)板书设计。

板书是一种重要的教学手段,是课堂教学的有机组成部分。好的板书,是增强教学效果的必要条件之一。教师在黑板上的书写,应该是有目的、有计划的,所以书写的内容应该是课堂教学的重点、难点和关键,以及例题的示范性的解答过程。所以备课时必须重视板书设计。板书设计是实习生必须具备的一项基本功。板书设计的总要求是:内容准确,文字简要;条理清晰;书写正确、整齐、迅速、醒目。数学课的板书设计,根据具体内容的不同可采用不同类型的形式。如提纲式板书,渐进式板书,提要式板书,证明式或论证式板书,对比式或平列式板书,图表式板书等。特别是几何课,其图形与文字的板书更应精心设计。板书设计需长期训练,所以,在教育实习前就应反复练习。在备课时,实习生应遵循板书设计的要求,根据教材内容和学生的特点,虚心听取指导教师、原任课教师以及其他实习生的意见,制定合适的板书计划,并将板书设计写进教案,交指导教师审核时参考。

2.编写教案

教案体现备课成果,是指导课堂教学实习的重要保障。编写教案应有目的性、科学性与计划性。

目的性,是指一堂课要达到什么样的教学目的,这是写教案前必须明确的。如果教学目的不明确,教材的处理、课堂的结构等就会失去依据。这样,往往会使教学内容不是面面俱到、详略不分,便是主次不明,使得重点不突出、难点难突破,难以完成标准所规定的教学任务。教案的目的性取决于标准的要求、教材的内容和学生的实际。只有认真做好了备课工作,才能恰当地确定教学目的。

科学性是指编写的教案无论是知识内容,还是思想观点,都应当准确无误,合乎科学。科学性是课堂教学的根本要求,它不仅是教学思想的基础,而且也体现了传授科学知识是教学的主要任务的观点。

计划性主要指教学内容、教学过程的安排,教学方法的选取,板书、教具的配合,以及各教学环节时间的分配等,都应完整有序。如本堂课的课型怎样确定,内容怎么分配,怎样突出重点,怎样突破难点,先讲什么,后讲什么,怎样讲怎样练,讲练各占多少时间,布置什么作业,怎样检查,等,都要精心设计,周密考虑。同时,还应估计教学过程中可能发生的问题及其解决办法。只有这样,教学时才能做到心中有数,合理地、科学地利用授课时间,达到教学的预期目的。

实习生在编写教案时,应做到:有主有次,讲练结合,有问有答,条理清晰。

除了每章做出总的课时计划外,每课时(有时也可两课时)也应写出详细的实习教案。实习教案的基本内容包括：

课题：教材章节的题目。

教学目的：包括知识与技能、过程与方法、情感态度价值观三方面。

教学的重点、难点：本课时的重点与难点。

教学方法：采用的教学方法（如讲练法、讨论法等）。

教学过程：包括具体的教学步骤、教学内容和教学方式。这是教案的主体部分，必须精心设计。

板书设计：包括板书的内容、安排及注意事项。

教学小结：课后对教案实施的检查、回顾或教学心得、体会、指导教师及其他实习生的简单评语。

实习生写好教案后，应于上课前两天将教案交双方指导教师审批签字后方能上课。教案一经批准，实习生不得自行修改或变动，如需改动，必须征得双方指导教师的同意。

为了上课时使用教案方便，在编写好教案以后，还可进行如下补充处理：

设计"特写"教案：在编写教案时，对教材的内容要点、关键问题、定理公式等学生应该切实掌握的知识，加以"特写"，如用彩色笔书写、变换字体书写等，使之醒目，便于查阅。

制作微型教案：用白纸制成同书页一样大小的卡片，把教案内容简化，夹在课本里，以便上课时翻阅，避免临场慌乱而出现顾此失彼的情况。但使用这种教案必须以对自己已写好的详细教案非常熟悉为前提。

3. 预讲

通常也称作试讲，是实习生正式上课前的演习，也是对实习生课堂教学实习准备情况的综合性考查。预讲能帮助实习生进一步了解教材和教案，大体上熟悉基本程序，培养教学能力，特别是口头表达能力和板书能力，还能够增强上课的信心；能帮助发现问题，使教案中可能出现的差错与不足在课前得到纠正、修改和完善，帮助改进教学方法。预讲的形式一般有自由式和模拟式。自由式即不必按上课的实际步骤进行，但要讲究实效。预讲的内容、时间不拘，可以是一堂课的全过程，也可是一堂课中的某几个环节；可以请其他实习生参加听讲，也可一人独自练习。模拟式即完全采取同正式上课一样的形式进行预讲。模拟式预讲一般是在双方指导教师主持下，由同组实习生参加听讲。如果模拟预讲一次不能合格，还须再次预讲。经尽力帮助仍不能合格者，不能上课。

4.上课

实习生经过备课、编写教案、预讲之后,经双方指导教师的同意,可以正式上课。上课是教学工作的核心,是教学实习的重要环节。对于上课的要求,这里仅略谈应注意的几点。

(1)实习生在上课时,应注意保持镇定高昂的教学情绪,作为实习生,在第一次正式上课时,容易出现紧张慌乱的现象。为了控制自己的情绪,上课前应让自己集中思想于教案的回忆,集中思想于教师角色的进入,充分相信自己,充分调动自己的情绪使之镇定与高昂。

(2)实习生在上课时,应严格执行教案的步骤与要求。教案是自己与指导教师精心设计的结晶,按教案讲课是上好实习课的最根本的保证。

(3)实习生上课时,要尽可能地注意自己与学生的思想、情感的交流。

4.3 数学说课与数学微格教学

4.3.1 数学说课

1.说课的特点

(1)简易性和便利性。说课能够脱离时空的束缚,也不会被人数与教学进度所影响,方便又简单,内容和要求都很清晰明确,并且具有可操作性和规范性,能够吸引广大数学教师参与。

(2)交流性和共享性。无论是数学教学同行,还是数学教研人员,他们通过评议说课了解教师如何进行教学设计,并能促进他们认识教学内容。他们也思考如何完善教学设计,如何优化教学过程,并且把该种思考述说出来,供说课者参考,帮说课者改进。在这种信息交流过程中,实现了教学信息资源的共享。

(3)群体性和研究性。说课通常是由众多教师、同行参与的,说课人员对说课的内容作了充足的准备,评课者对说课的内容做了深入的思考,所以无论说课还是评课都带有一定的研究性质,从该意义上讲,说课实质上是一项群体性的教学研究活动。

2. 说课的内容

（1）说教材。

①分析教学内容。教师要在课程标准的基础上,自己认真了解教材、充分备课,能够明确与每个课题相关的数学知识,还要进行教学内容对学生数学能力培养的要求和体现的分析。

②明确教学目标。教学设计的起点和归宿为教学目标,教师应明确指出教学目标及其层次要求,具体包括:数学基础知识掌握的层次;数学基本技能训练的要求;数学能力发展的要求;情感态度和价值观等个性品质发展的要求.教学目标越具体明确,说明教师的备课思路越清晰,教学设计越合理。所以,说课时要从基础知识、基本技能、能力发展、个性品质等教学目标出发,并对各个教学目标提出具体的层次要求。

③分析重点难点。课堂教学的关键任务为突出重点、化解难点,也是衡量课堂教学效果的相当重要的标准。因此,一定要明确说课要解决怎样的课程重点和难点,为什么说它们是重点和难点,重点是怎样突出的,难点是怎样化解的。例如,在"两角和与差的余弦公式"说课时,此时则需要指出,掌握公式 $\cos(\alpha+\beta)=\cos\alpha\cos\beta-\sin\alpha\sin\beta$ 为其重点,公式推导过程为其难点,在单位圆上用角 $\alpha,\beta,\alpha+\beta$,1 的正余弦函数表示点的坐标,并根据两点间的距离公式得到等式为其突破难点的关键。

（2）说学生。

在数学教学活动中,学习的主体为学生,数学教学的根本目标为学生知识的获得、能力的提高、个性的发展,这就要求教师在说课时必须说清学生的活动特点及其方式,具体包括如下几个方面:

①已有知识能力。学生的学习本质上是学生自主建构发展的过程,其取决于学生已有的知识经验和能力水平,所以教师应对学生的知识与能力进行透彻分析,并且根据分析结果进行教法指导方案的设计。教师在说课的过程中一定要明确当前学生掌握的知识情况和能力水平及其对学习新知识的影响,学生会在哪些方面感到困难,需要做些什么引导或预习准备等。

②具体学法指导。教师应根据新知识的内容特征,从而设计适合学生的学法指导方案。在说课时,教师需要指出如何选择学生喜欢的问题,怎样运用各种学习方式如自主探索、交流讨论、阅读自学等。另外,更要明确怎样对学生思考的习惯、思维的方法、质疑的精神、学习的主动性等进行培养。

③学习特点风格。因为学生在年龄、身体和智力上均有差异,所以也形成了不

同的学习特点和认知风格,这些也是影响课堂教学效果的重要因素。在说课时,教师应说清学生的真实情况,准备运用什么样的针对性强的方法取得更好的学习效果。

(3)说教法。

说明要选择那种教学方法,运用何种教学手段,及其使用这些教学方法和教学手段的理论依据就是说教法。

①选用教学方法。针对教学内容的特点和课程类型,明确具体应该使用什么样的教学方法和这些方法的特征。

②优化教学方法。在一节课的教学中,若同时使用两种或者两种以上的教学方法,则这些方法之间就有优化组合的问题,因此说课的过程中,要明确怎样能够结合各种教学方法进行运用,通过什么样的手段突出重点、克服难点、把握关键。

③运用教学手段。伴随着现代科学技术不断发展,数学课程改革倡导运用现代信息技术并把其作为促进教师的教和学生的学的一种手段。在说课时,需要说出如何使用现代化的教学手段及媒体以及这样做的理由与注意事项。

(4)说程序。

教学程序是指教学过程的具体进程,其表现为如何引入、如何深入、如何结束的时间序列。说课中最重要的一个步骤就是说程序,这个步骤能够从整体上体现教师的教学安排,反映教师的各种观念,反映教师的教学风格,才能看出教学设计的合理性、科学性和艺术性。在说教学程序时,应说清楚以下内容:

①教学过程中的细节处理。在说课时,还要说出教学过程中的细节处理,如问题情境的创设,反馈调控的策略,教师提问的设计,演示活动的设计等。

②教学思路与教学环节安排。教师在进行说课的过程中,必须以学生自身的特点为出发点,理解和处理教学内容,明确组织教学的具体措施,具体内容只需简要介绍,使人能听明白教什么、怎样教、为什么这样教等。

③教与学的双边活动安排。教与学的双边活动安排能反映出教师的教学组织能力和数学教学观念。在说课时,需要说出如何在现代教育理念的支持下实施教学活动,如何才能将学生的主体地位与教师的主导作用统一结合,如何使学生的发现与教师的讲授和谐统一,怎样做到智力发展和情感教育的和谐统一等。

4.3.2　数学微课教学

1. 微格教学的开展模式

微格教学于 20 世纪 60 年代初产生,培训对象从师范生发展到在职教师及许多其他行业的从业人员,应用地域也已发展到世界各国。在践行微格教学这种模式时,人们通常都与国家国情相适应,与本国的教育观点相结合,最终形成不同的模式。

(1)斯坦福大学及芝加哥大学模式(美国)。

①斯坦福大学的"行为改变"模式。

微格教学最初产生于美国斯坦福大学。在历经多年的探索、实验、研究之后,爱伦与同事终于在 1963 年对微格教学给予了明确的定义,之后微格教学便传播到了其他国家。在世界各国传播与应用微格教学的过程中,它出现了各种变化模式,最突出的应该是 20 世纪 80 年代的非洲国家,那里教育水平落后,教育资源也非常稀缺,所以微格教学模式一定要基于新的教学环境资源做出相对应的改变,新的微格教学模式应运而生。将新旧模式进行对比发现:

教学时间:微格教学实习片段的时间从原来长达 20 分钟缩短为 5 分钟,新模式认为 5 分钟即可形成单一概念的片段课。实际上班级人数、场地环境、课时安排等都会对教学时间产生影响。

微格教学的学生:过去在微格教学实习时,要从中小学请来真正的学生,这会带来接送、管理、资金等一系列的问题,在新模式中启用同伴,即由教师扮演者的同伴来扮演学生。目前,这种同伴训练方法的效果已被证实是切实可行的。

小组规模:从原来全组约 20 人减为 4~5 名学生为一组。爱伦认为如果小组规模大到约 20 人,则要 19 人去听 1 人讲课,每人要听 19 次,这样的方式使学员听课过多,反而会使学员感到疲劳,抓不住重点,而且因为时间太长,使重教困难。新模式的 5 人小组规模小,导师布置好训练任务后,即让学生自己管理。学生可以自选课题,自找实习场地,即使没有正规的微格教学室,只要有摄像机即可,还能实行重教。小组规模小,能使每个学员得到多次重教机会。当然,小组的活动记录和反馈意见要及时交给指导老师。

教学技能:爱伦和他的同事们根据经验和参考有关的教育理论文献,以统一意见的方式提出 14 项课堂教学技能,它们是:变化刺激(stimulus variation);导入

(set induction)；结束(closure)；非语言暗示(silence and nonverbal cues)；强化学生参与(reinforcement of student participation)；流畅的提问(fluency in asking questions)；探查性提问(probing questions)；高水平组织的提问(higher-order questions)；发散性提问(divergent questions)；确认(recognizing attending behavior)；举例说明(illustrating and use of examples)；讲演(lecturing)；有计划的重复(planned repetition)；完整的交流(completeness of communication)。

反馈与评价：原来的微格教学模式对每项技能有完整的评价表，评价项目多到有时连执教者的衣着也在评价之列，以至于在重教时，执教者往往失去方向，抓不住重点。在微格教学新模式中，爱伦教授提出了"2+2"的重点反馈方式，也就是说，每个小组成员在课程结束之后要提出称赞与改进的意见各两条，接下来教师再从这些意见中进行归纳总结，最后得出具有代表性的两条称赞意见和两条改进意见。

②芝加哥大学的"动力技能模式"。

1970年，芝加哥大学的高奇(Guiltier)和詹科森(Jackson)等人提出"动力技能模式"，他们认为斯坦福大学的模式"很大程度上忽略了各技能之间的关系及技能的恰当组织形式与某一特殊的教学情境的关系"。并提出："教学是有目的性的，必须重视技能在目的性教学中的重要性。在进行技能训练的过程中，也必须考虑教学内容，正因为如此，学生才能拥有恰当的综合使用技能的决策经验"。

教学内容与教师行为是芝加哥模式相当注重的两方面内容，强调在教学计划中依据学科内容，设计应用各项教学技能的教学过程，如此一来才能使教学技能，如课堂组织技能、强化技能等不至于单独运用，而是成为子系统。麦可格瑞认为："动力技能模式是在学科内容分析的系统化教学计划的基础上形成的。这种模式认为应该将教学技能插入教学计划之中，在课程逻辑结构中，师范生能够将教学活动集中于重要的师生相互作用中，从这个层面来看，教学技能推动着中小学生学习的进步，师生间的相互作用对于中小学生学习过程中的逻辑发展是具有积极意义的。"

(2)悉尼大学模式(澳大利亚)。

将微格教学引进澳大利亚悉尼大学的是克利夫·特尼(Cliff Turney)等人。他们在斯坦福模式的"细分"和"可观察的行为改进"的基础上，通过优化改进，开设了"悉尼微型技能"(Sydney micro skills)。悉尼大学的微格教学的主线是教学技能的训练，在各项教学技能中融合进教育思想、教学理论以及实验研究等。悉尼微型技能模式分为五个系列，前两个系列包括六项基本的教学技能，后三个系列是三项小综合式的教学技能：

系列 1：

①强化(reinforcement)；

②基础提问(basic questioning)；

③变化(variability)；

系列 2：

④讲解(explaining)；

⑤导入和结束(introductory procedures and closure)；

⑥高层次提问(advanced questioning)；

系列 3：

⑦纪律和课堂组织(treats classroom management and decipher skills)；

系列 4：

⑧小组讨论、小组教学和个别化教学(treats skills of guiding small group discussion, small group teaching and individualized teaching)；

系列 5：

⑨通过发现学习和创造性学习,发展学生思维能力(deals with skills concerned with developing pupils' thinking through guiding discovery learning and fostering creativity)。

澳大利亚悉尼大学对微格教学的开发应用及研究是很有成效的。悉尼大学开发的微格教学教材在世界上享有一定声誉,《悉尼微格教学技能》一书被许多国家采用。

澳大利亚的微格教学的主要步骤有：

①示范。播放教学技能的示范录像,讲解教学技能的构成、有关理论知识及要求,促进对技能的掌握。

②角色扮演。为师范生提供实践机会,增强自信心。

③反馈。为师范生改进自己的教学行为提供明确、具体的帮助。

④重教。在师范生对自己的教学行为非常不满意时才进行,对大多数师范生来说这一步可取消。

从上述步骤可以看出,澳大利亚的微格教学强调四个环节:示范、角色扮演、反馈和重教。之所以没有强调评价这一环节,是由于评价贯穿于微格教学的全过程,而且主要是启发学生自我评价,这体现了尊重学生的教育原则。

（3）新乌斯特大学及斯特灵大学模式（英国）。

①新乌斯特大学的"社会心理学模式"。

20 世纪 60 年代末微格教学引入英国时，正值一些教育模式受到人们的批判。斯通斯（Stones）和莫里斯（Morris）指出："微格教学的目的和作用需要再一次的澄清，它需要把方向转移到加强教学理论与教学实践的联系上来。"他们两人都认为，"微格教学在教育界翻起来的'革新'是有价值的，它比一般的教学有更大程度的可控性，因此强调理论与实践的关系可以挖掘出更大的潜力，可以使师范生掌握教学模式"。

莫里斯等人发现，有社会能力的教师在教学过程中表现力更加突出，这是由于他们能够从社会心理学的角度看待教学，因此在他们看来，教学是一种社会活动技能，教学依赖于人际关系和师生间的交流。

1975 年，布朗（Brown）将这一模式引入了新乌斯特大学，1977 年哈奇（Hargie）在乌斯特学院进行了这一模式的微格教学。他们认为微格教学需要集合三个方面的要素——计划、角色扮演和反馈认知。哈奇还强调了与技能相关的理论的重要程度，各项教学技能的教学不仅要提供音像示范，而且还要说明依据人际关系社会心理学所建立的各项技能的理论基础，这样才能使师范生不仅知道如何应用技能，而且还知道什么时候使用它。

因为新乌斯特大学在微格教学中强调技能的综合应用，强调学员在微格教学中形成对教学的认知结构，以及依据社会心理学，强调在微格教学中人际间相互作用的情感因素，所以教学技能只是作为微格教学课程的组成部分而没有单独列出来进行训练。

②斯特灵大学的"认知结构模式"。

1969 年，斯特灵大学在微格教学中引进了斯坦福大学的模式，后来经过几年的实践和研究，在 20 世纪 70 年代中期，"认知结构模式"被麦克因泰尔（McIntyre）等人提出。他们发现斯坦福大学模式中的技能描述和反馈评价只停留在技能行为上，"这些只能给师范生若干个作为假定的教学技能的特殊教学行为方式"。于是，在斯特灵大学里，这些教学技能只能作为教学大纲的组成部分，而不是作为理论基础。

斯特灵大学的研究者们认为，师范生关于教学的认知结构在其教学活动中发挥着决定性的作用。技能训练和反馈的重要性，促使师范生适时地改变自己的认知结构，值得说明的是，这种改变是通过将各项技能中的认知概念有机地结合在一起而产生的。基于研究，他们对师范生在微格教学中的认知结构的形成过程进行了分析,将微格教学对师范生所起的作用解释为使师范生的教学认知结构产生变化,并帮助他们形成自己的作为教师的概念结构。师范生可以根据这一概念结构,决定自己的教学过程中应该在什么时候采用什么样的教学技能,帮助他们在实际教学活动中感知教学技能,形成对技能表现的价值评价。

(4)我国的微格教研模式。

自 20 世纪 80 年代微格教学传进我国后,陆续在一些教育学院以及高等、中等师范院校和中小学得到应用和研究。起初研究和实践主要集中在吸收借鉴国外微格教学的做法,并在实践中移植到自己的微格教学中。随着研究的深入,各地院校也提出了一些共同关心的问题,即微格教学与传统教法之间的区别及微格教学中的科学方法论问题,教学技能中的教育学、心理学理论基础的问题,适合我国国情的教学技能分类的问题,微格教学的技能训练与完整课教学能力之间的关系问题等。这些问题实际上与国外微格教学所提出的问题是类似的,反映出微格教学中的共性问题。北京教育学院微格教学研究室在引进、借鉴国外微格教学的基础上,对以上问题进行了认真的研究,取得了系列研究成果。

各地教育工作者在应用微格教学时,都结合了本地区本学校的实际情况,"因地制宜"地变通微格教学的模式、方法,使之成为发展我国师资培训教育的有效方式。上海市华东理工大学附属中学推行的"微格教研"活动就是微格教学的一种变通模式。"微格教研"遵守微格教学的合理内核,提取微格教学流程中的重要环节,采取摄录像方式,供教研组在教研活动时进行局部的定格研讨。这样,既学习了相关理论,又研讨了具体的操作方法,从中获得完整的认识,提高了教师的整体能力和素质。微格教研的基本结构是:先在特定的课题理论指导下进行实际教学的现场观摩与实况录像;之后重放录像,观摩录像,进行自我反思与直观再现式同伴研讨;然后进行理性总结、理论升华;最后将得到的理论运用到教学实践中予以验证、拓展。在一所学校的各个教研组中,推行微格教研活动,将教学技能研究的要求与教研组活动结合起来,首先是增强了研究气氛。过去教研组活动,由于教师们担任不同年级的课,共同的话题较少,而在教研组中进行微格教研活动,则形成了浓浓的研究气氛。其次,运用了微格教研的方法,为教研组活动定位于教法、学法研究。录像的形象性和再现功能,使教研活动丰富生动,又因为每次活动只研究一项技能,使研究问题的切入点小,随着资料的积累,更便于做纵向及横向的比较研究。微格教研活动对于经验不足的青年教师是有实际意义的,对于有经验的老教师,也可自我提炼、概括总结教学特点,互相交流,共同提高,起到优化教学的作用。

2. 微格教学的实施过程

微格教学实施过程一般可以分为六个阶段,具体如图所示。

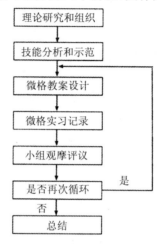

图　微格教学实施过程

（1）理论研究和组织。

这一阶段需要确定一种有效的教学组织形式,在学习教学理论时,通常是以师范生所在的班级为单位,当然,在进行微格教学时,自然班级将会分成几个小组,每个小组人数控制在 8～10 人较为合适,每个小组还会指派一名指导教师,这时指导教师也可以组织学生进行理论学习,还可以组织学生针对某一问题展开讨论,直至弄清问题为止。

（2）技能分析和示范。

微格教学就是将复杂的教学过程具体分为单一的技能,并且逐项培训,指导教师可以根据师范生的实际情况,有针对性地选择几项主要教学技能,经过微格教学实践使得他们及早掌握教态、语言、板书等方面的技能。这一阶段,指导教师要做一些报告,分析各种技能的定义、作用、实施类型、方法、运用要领和注意事项等,同时要将事先编辑好的示范录像交给学生观看,这些录像内容多为某项教学技能的课堂教学片段。小组成员在观看录像后进行讨论分析,最终达成某些共识.这样,师范生不仅在理论上获得了知识,在实践上也有了初步感知。

（3）微格教案设计。

在理论学习和技能分析的基础上,学生可以在指导教师的指导下自行确定一个具体课题进行备课,所选课题可以是自己感兴趣的,可以是有待深入探讨的,也可以大胆选择一些教学重点、难点、关键问题,可供小组成员集体研讨,有时几位小组成员还可确定相同课题,大家都从不同的角度准备,最后相互吸取对方好的做法,避免不足之处,达到取长补短目的。特别需要指出的是,所选课题必须要与某项教学技能对应起来。这一阶段的主要任务就是编写微格教学教案,微格教学教案格式可以是各种样式的,但大体上应该包括教学目标、教师主要教学行为、所对应的教学技能、学生学习行为、所用教具、演示仪器、时间分配等项目。当然,指导教师可设计好教案表格,直接发给学生填写形成一份教学技能训练教案(见表)。

表　教案表格

执教者		指导教师			
年级		日　期			
课题名称					
教学目标					
时间分配	教师行为(讲授、提问等内容)	所应用的教学技能	学生行为(参与活动回答提问等)	所用教具、仪器、媒体	

(4)微格实习记录。

微格教学教案形成以后,就要进行课堂实习,不过课堂实习不是在真实的课堂内进行的,而是在微格教学实验室内进行的,有时人们也将课堂实习称为"角色扮演",在微格教学实验室内,有指导教师、学生和摄像人员。当实施角色扮演后,教师由接受技能训练的学生轮流担任,小组其余成员自动成为学生,微格教学每节课的时间应控制在 10 分钟左右。为了使微格教学收到更好的效果,这一阶段应该注意以下几个问题:①学生扮演者最好是教师扮演者平时的好朋友,彼此已经非常熟悉,这样对第一次站上讲台的教师扮演者来说有一种安全感,不至于非常地紧张,影响技能训练效果。②除了教师扮演者和学生扮演者以外,一定不要让无关的人员进入模拟课堂内,这样当教师扮演者面对镜头时,能够减少紧张情绪。③让每一位学生轮流去扮演课堂上的教师和学生,而且要求他们能够进入角色,扮演教师的应该像教师,扮演学生的应该像学生,以便收到好的效果。

通常情况下,微格教学实验室内有两台摄像机,一台用来拍摄教师扮演者,一台用来拍摄学生扮演者,一般来说,拍摄人员都在幕后操作,这样可以避免拍摄人员对扮演者的影响。

(5)小组观摩评议。

录像一般集中进行,即小组成员每人都应完成录像,录像完成以后,首先由教师扮演者介绍自己的设计目标、教学技能、教学过程等,然后播放这一节微格课的录像,指导教师和小组全体成员共同进行观摩,观看录像后再进行评议,一般先由本节课的教师扮演者分享自己看完录像后的体会,检查训练目标是否达到,自我感觉如何,再由小组其他成员根据课堂教学技能要求逐一进行评议,如有必要,可由指导教师进行适时补充或者总结。

(6)再循环或总结。

是再循环还是总结,这得根据教学技能训练效果决定,如果某项教学技能训练效果不好,离教学目标还有一定的距离,那就需要重新设计微格教学教案,再次进行录像,组织小组观摩评议,直至达到要求为止;如果某项教学技能训练实际效果非常不错,只有一些细节尚待完善,那就可以进行下一项教学技能训练了。

4.4　数学教育论文写作

4.4.1　论文的基本特征与结构

数学教育论文包括学术论文、调查报告、实验报告、经验总结等多种类型。虽然每种类型的论文有各自的特征和结构,但还是具有整体的基本特征和一般的形式结构。

1.数学教育论文的基本特征

好的数学教育论文应具有如下基本特征:

(1)理论性。理论性指论文对所论及事物的本质特征进行抽象、概括,要透过表象看本质,要揭示所讨论或所研究问题的内在规律。以理论为主要材料的学术论文,其核心和重心自然是理论。以实验为主要材料的实验报告,其所论实验应有某种理论依据,对实验的规律性的认识和评价也要突出理论性。以大量事实为主要内容的调查报告、经验总结等也应从事实、数据中找出规律,提炼出理论观点。总之,只有具体例子、事实、数据的堆砌而没有抽象概括提炼的论文不能算做好论文,也达不到撰写论文的目的。

(2)新颖性。新颖性指与同一学科领域中已发表的其他论文相比较,具有某种程度的新意,或者是内容方面的,或者是方法方面的,或者是观点或层次方面的。学术论文要能够提出新认识、新思想、新理论,研究报告类论文应揭示出典型的、新颖的内在规律。缺乏新颖性的文章也就失去了撰写论文的价值。

(3)科学性。对于数学专题研究的论文,科学性指其内容论证的逻辑性、正确性。而数学教育论文主要是采用思辨的方式,广泛运用分析、综合、比较、抽象概括等思维方式进行论述,其科学性是指论文要论点明确,论据充分,论证合理,即观点鲜明,言之成理。实验论文还包括实验方法的科学性,实验数据的准确性,实验结果的可靠性、客观性以及重复实验时具有再现性。缺乏科学性的文章,其结果不可靠,再多的成果也是没有价值的。

(4)针对性。针对性就是有的放矢。数学教育论文应切合教育学科理论建设的需要和数学教育改革实践的需要。具有针对性的数学教育论文或者对数学教育学科建设做出了贡献,填补了某一空白,充实了某一尚未完善的理论;或者对数学教育改革中遇到的尚未很好解决的某个实际问题有一定的指导意义,提供了一种可以操作的有效方案。缺乏针对性的论文是没有实际价值的。

2. 数学教育论文的一般形式结构

数学教育论文一般由头,包括论文题目、作者署名和摘要;主体,包括前言、正文、结论(或讨论);结尾,包括致谢、参考文献和附录等几个主要部分构成。

(1)题目。

题目也叫作标题,它所起的作用是:概括整篇论文的中心思想,把握论文的基本论点和立意,还能吸引人的注意,使读者可以初步判断有没有阅读的价值。因此,标题要恰当、简明、确切,用词要精炼、中肯、醒目,标题一般不会超过 20 个字。

有时为了更加充分地展现出主题内容,引申出主题,或者是对某一事实必须在标题中加以说明,还可以在题目后面加上副标题。

(2)署名。

在论文上必须要签署作者的姓名及工作单位、邮政编码,这样既表明作者对自己论文负责任的态度,又反映研究成果的归属地,也便于读者日后的联系与交流。有多名作者时,署名按照贡献大小排列顺序。

(3)摘要。

摘要,即论文内容不加注释和评论的简短陈述,是论文基本思想的总结,可以作为论文的简单介绍,包括课题的意义、目的、方法、成果和结论。

摘要要写得完整、准确、简明;必须对原文作客观介绍,一般的不加评论;要短小精炼,一般不会超过 300 字,要独立成文。

摘要的下方还要列出 3～8 个关键词,关键词是为了文献标引工作(便于计算机检索)从论文中挑选出来用来表示全文主体内容信息的词组或是术语。关键词应尽量采用《汉语主题词表》提供的规范词。

短文可省略摘要和关键词。

(4)前言。

前言又叫作引言或序言。前言作为论文的开场白,主要包括课题研究的背景,选题的原因和重要性;对本课题已做的调研情况做简要论述;本课题研究的目的、方法、需要解决的问题;阐述研究的意义和价值等。

在撰写前言的时候,文字要简练,词意要朴素,开门见山,不能拖拖拉拉,注意实事求是,恰如其分不夸张。

(5)正文。

正文主要展现的是作者的思想,是论文的核心与主体。正文部分是对研究内容进行全面的论述,包括整个研究过程中的调查分析材料及所得结论和形成的观点、理论等。必须充分展示论文中的论点、论据、论证。

正文的撰写要完整,包括有材料、观点、论述,概念清晰,论点明确,论据充分,论证严密而合乎逻辑,叙述条理清楚,文字通顺流畅,用词准确、鲜明、生动。

(6)结论。

结论是对论文的总结,是作者对研究成果的集中反映,它表明作者对所研究课题的见解和分析。结论部分可概述作者的研究成果,提出尚待解决的问题;可把研究成果与他人已有的同类研究成果进行对比,提出可供进一步研究的问题;对一些教育教学问题提出不确定的看法或推测,引发进一步的讨论。结论必须起到总结全文、深化主题、揭示规律的作用。

结论的撰写应十分谨慎,文字要简明具体,措辞要严谨,语句要明确,应前后呼应,逻辑严密。

有些论文的结论部分是可以省略的。如正文中已明确突出了结论的论文,验证性论文,对某文提出商榷、反驳或补充的论文以及结论不言自明的关于新理论、新方法、新概论等方面的论文等。

(7)参考文献,附录和致谢。

参考文献是指作者在撰写论文时候使用他人的资料,包括借阅或者是直接引用的数据、材料、论点、语句必须在论文中标注出处的内容,如中外文书籍期刊上的论文等。注明出处体现出作者严肃的科学态度和尊重他人成果的高尚文风,同时也为读者提供研究同类问题可以参阅的一些资料。

附录是指因内容太多、篇幅太长而不便于写入论文但又必须让读者了解的一些重要材料。如调查问卷、座谈会提纲、测试题与评分标准、各类图表等。

致谢是指对撰写论文时提供指导和帮助的人的感谢,一般放在文末。

论文中引用参考文献一般采用顺序编码的方式,即在引文处,对引用的文献按它们在论文中出现的先后用阿拉伯数字连续排序,将序号置于方括号内,并视具体情况把序号作为上角标或者作为语句的组成部分。作为上角标时一般放在引用部分的句子之后或放在引文作者姓名后,而整段内容须注明参考文献时则放在第一句话后。

在论文最后的参考文献中,各条文献按在论文中的文献序号排列,项目应完整,内容应准确,各个项目的次序和著录符号应符合规定的格式。

著作的著录格式为:

顺序号 编著者(多人时用逗号隔开).书名.版本.其他责任者(如译者)。出版地:出版者,出版年.文献数量(选择项)

外文引文著者姓名应把姓放在前,紧接逗号,名字可用首字母缩写,复姓通常用最后姓记入。

论文集中的文献的著录格式为:

顺序号 作者(多人时用逗号隔开).题名.见:编者.文集名.出版地:出版者,出版年.在原文献中的位置

期刊中的文献的著录格式为:

顺序号 作者(多人时用逗号隔开).题名.其他责任者(如译者).刊名,年,卷(期):在原文献中的位置

4.4.2　撰写数学教育论文的一般步骤

1.准备阶段

论文正式写作前的准备工作包括理论和素材的准备,论文题目的确定和论点的形成,撰写工作计划的制定等。做好准备工作是顺利完成论文写作的关键,是提高论文质量的关键,必须认真对待。

(1)收集文献资料或其他素材。

撰写论文,一般都离不开查阅、收集有关文献资料,并加以合理的利用。在准备阶段查阅、收集的文献资料范围广泛,不一定集中于某一个专题。目的在于去发现和继承前人的成果,了解前人在相关领域做了哪些研究工作,进展如何,还存在哪些尚待进一步研究的问题,有哪些问题还没有人研究过,以便选择自己的研究课题。查阅文献资料时应做好适当的记录,最好用卡片做摘录,这样便于将资料分类整理,便于撰写论文时的查找和利用。

(2)确定研究课题和论文题目。

有些论文题目随着研究课题的确定而确定,有些论文题目是在查阅、收集文献资料的基础上进行分析,并结合个人的实际情况而确定的,对于后者,我们也称之为确定研究课题。选题是数学教育研究的首要环节,是撰写数学教育论文的关键性步骤。人们常说"科学论文题目选择得当,等于完成论文的一半",是很有道理的。在选择和确定研究课题时,一般应遵循下列基本原则:

必要性原则:必要性是指课题的现实意义和价值,选择的课题应该具有一定程度的某种理论价值或者应用价值或者发展价值,应该是与数学教育密切相关的,适应数学教育实践需要和本学科发展需要的课题。

创新性原则:创新性是指所选课题具有前沿性和新颖性,学术水平应有所提高,对某一学科方向的进一步发展具有推动作用。选择的课题必须有某种程度的新意,或者是探索前沿,突破禁区;或者是勇于开拓,填补空白;或者是补充前说,有所前进;或者是纠正通说,正本清源。

可行性原则:可行性是指符合主客观条件实际,是经过主观努力能完成的。选择的课题应该是在一定时间内可以完成的。选题时既要考虑自身的研究能力和经验,扬长避短,选择自己感兴趣的课题,又要考虑客观条件是否允许,特别是时间和经费是否有保障,是否有所需的文献资料。

就大多数中学数学教师的实际情况而言,选题还应讲究如下策略:题目宜小不宜大,见地宜新不宜旧,内容宜熟不宜生,论题宜重不宜轻。

寻找研究课题有以下几条途径:一是到文献资料中寻找课题。在大量查阅文献资料,掌握了大量信息的基础上,系统地研究已有成果,寻找前人刚刚开始意识到但没有提出的问题,或提出了而未解决的问题,或在争论中的问题,或前人研究过但自己有不同看法的问题等;二是到自己所学专业或所担任课程的范围内寻找课题。面对大量的教学现象,多问几个为什么,就会发现许多值得研究的新问题;三是到社会实践、教育实践中去寻找研究课题。注意观察教育现象和对象,特别是注意在自己的学科专业中容易被人忽视的地方,这往往可以发现、找到研究课题。也可积极申报社会课题或参加他人申报主持的大型课题,从大课题中找子课题。

选题的具体方法:第一,对比。也就是比较收集到的材料,找到其中存在的差异,形成课题。第二,追溯。通过追溯文献中事物的发展轨迹,形成课题。第三,捕捉。即捕捉自己在阅读过程中突然出现的新观点、新见解,捕捉文献中独有的新观点、新材料,这些有创见的对象可作为课题。第四,寻找。即在文献中寻找已经提出的而没有解决的疑问,或者感到论据不充分的课题。

当研究课题取得了阶段性成果或最终完成时,就可以确定论文题目了。

(3)制订撰写计划。

相当于学位论文的开题报告,主要包括拟订撰写提纲,即论文的目的意义,主要组成部分等,工作步骤、内容和进展规划,要切实可行,便于自行检查。

2. 撰写阶段

撰写阶段的主要任务就是完成论文的写作,具体工作有以下方面:

(1)查阅文献资料。

在确定论文题目后,应有针对性地重新查阅搜集补充资料,对某些方面缺少的资料,如果是尚未查阅的应从新的文献中继续查找,对已有的资料应重新有目的、有重点地精读,并进行去粗取精、去伪存真的分析研究。通过对资料的综合、比较、分析、概括、浓缩,取其精华,并结合自己的研究所得形成不同于他人的独特见解和论点。提炼、确立正确的论点并不是一件容易的事,有时需要反复地阅读和仔细地思索;有时需要在整合他人意见的基础上进行重新构思,通过不同的材料将自己的理念表达出来;有时需要从不同的论述角度对材料进行重新整合,在此基础上得出自己的结论。

(2)利用文献资料。

在撰写论文初稿时,需引用一些材料来证明或加强自己阐述的观点。这些材料的引用切忌简单地抄录、搬迁、堆砌和拼凑,应对材料进行再加工。被选作论据的理论材料应符合可靠性(力求与原作一致,能直接引用的就不转引)、正确性(要全面理解,正确运用,不生搬硬套,牵强附会)、权威性要求。被选作论据的事实材料应符合真实性(包括情况、性质、程度乃至具体数字的全面真实)、典型性、浓缩性、新颖性(最新的事实和典型)要求。

应注意,引用或评价他人的观点时,应全面、准确地反映原作者的基本观点,不能断章取义,否则,据此做出的评价和得出的结论就难免偏颇,有失准确。

(3)进行必要的补充实验研究。

有些论文需要用到某种实验或测验结果,如果事先没有现成的资料可以利用,则需要在撰写论文期间补做微型的短期实验或测验,并进行相应的统计分析,取得所需结果。

(4)写出论文初稿。

撰写论文初稿时,一般情况下可以按提纲的思路顺序写下去,但提纲也并不是一成不变的。随着思路的不断发展,问题的不断深入,认识的不断深化,提纲也将随之调整。如果发现提纲有不妥之处,则应随时修改提纲,若发现提纲完全不适用,则需重新拟定提纲。然后再按修改后的提纲继续写下去,最终完成初稿。

(5)修改、补充、完善论文。

初稿完成后,一般还须反复推敲、修改、补充,使之完善。修改工作可在相隔适当时间后反复进行,遇到特殊情况,还可能要重新构思,动大手术。论文最后定稿后,便可打印出来了。如果向某期刊投稿,最好按相应期刊要求的格式打印,以提高投稿的成功率。

第5章　数学教育评价

评价作为教育的重要组成部分,越来越受到人们的关注。国际程序委员会认为,当今世界数学教育中存在的许多疑难问题,都与教育评价问题有关。基于此,本章对数学教育评价进行研究,包括教育评价、数学教育评价过程、数学学习评价数学教学、教材评价和数学教学案例评价。

5.1　教育评价

5.1.1　教育评价的含义

数学教育评价属于数学教育评价的范畴,是数学教育评价的重要组成部分,又是数学教学方法研究的重要课题,也是核心内容。

在教育科学中有一个重要分支学科是教育评价。从教育测量活动中逐渐发展而来的教育评价,始于1934年到1942年美国心理学泰勒的"八年研究"。

教育评价的发展经历了四个阶段:

从19世纪中叶开始到20世纪30年代,是教育评价发展的第一阶段——心理测验时期,教育测量的研究取得了一系列的成果,在考试的定量化、客观化与标准化方面,取得了重要的进展。强调以量化的方法对学生学习状况进行测量。然而,当时的考试与测验只要求学生记诵教材的知识内容,比较片面,没有办法真正反映学生的学习过程。

20世纪30年代至50年代是教育测量发展的第二阶段——目标中心时期,有称为"教育评价之父"的泰勒提出了以教育目标为核心的教育评价原理,即教育评价的泰勒原理,并明确提出了"教育评价"的概念,从而把教育评价和教育测量区别开来,教育评价学就是在泰勒原理的基础上诞生和发展起来的。

20世纪50年代至70年代是教育测量发展的第三阶段——标准研制时期,以布卢姆为主的教育家,提出了对教育目标进行评价的问题,由美国教育学家斯克里文、斯塔克和开洛洛等人对教育评价理论做出巨大的贡献。1967年是教育评价的发展的转折点。

20世纪70年代以后,教育评价发展到第四个时期——结果认同时期。在这一时期较为关注的是评价结果的认同。关注评价过程,强调评价过程中评价给予个体更多被认可的可能,总之,重视评价对个体发展的构建作用,因此,又被称作是"个体化评价时期"。

5.1.2 教育评价的功能

评价的目的就是评价某一事物的价值,这可以起到很多作用。

1. 诊断作用

评价是对教学结果及教学成因的分析过程,由此可以全面掌握教与学的情况,进而判断其成效和缺陷、矛盾的问题。全面的评价不仅能够估计所实施的教学或所开发的教学资源能在多大程度上实现预想的目标,而且能够解释不能达标的原因所在。因此,教育评价类似体格检查,是对教学各个方面进行的一次严谨的、科学的诊断,以便以后为教学的决策或者改进指明方向。

2. 调控功能

评价对教学结果具有诊断的作用,负责教学过程的监督和控制作用。因为评价的结果肯定是会提供反馈信息,这种信息可以让教师及时迅速地知道自己的教学情况,也能让学生体会到成功和失败的滋味,从而为师生调整教与学的行为提供客观依据。教师可以根据此修订教学计划,改进教学方法,完善教学指导;学生据此改变学习策略,改进学习方法,增强学习的自学性;教学资源的设计与开发者可以通过经常性的评价及时发现设计与开发中出现的问题,并及时予以纠正。

3. 激励功能

评价还能够对学生的学习起到促进的作用。一方面,作为评价重要组成部分的测验本身是一种重要的学习经验,它能够促使学生在测验之前对教材知识进行复习、巩固,另一方面,学生根据获得的外部评价经验,学会独立的评价自己的学习结果。自我评价能够帮助学业成绩和学术成就能力的提高。

5.1.3　教育评价的类型

1. 根据评价的对象不同划分

(1)计划评价。

计划评价指的是对提供持续服务,一般包含对课程教育活动的评估,例如,对大学的继续教育计划的评价。

(2)项目评价。

项目评价指的是对提供资金所限定的时间内,执行某一特殊任务的活动进行评估计划和项目之间的关键不同在于,前者持续的时间长,后者的时间较短。项目一经制度化并且生效就变成为计划。

(3)产品(材料)评价。

材料评价又叫作教学产品评价,是对与教学内容与之相关的物品,例如,书籍、课程指导、电影、磁带等教学产品,对其优点和价值进行评估。

2. 根据评价的功能不同划分

(1)诊断性评价。

诊断性评价也叫作教学前评价或者是前置评价,通俗地讲,就是"摸底"考试。它一般是在某一教学活动开始之前,对学生所掌握的知识技能及情感技能有初步的了解,这样判断他们是否具有实现新的教学目标所需要的基本条件,据此设计出能够满足不同起点和水平的教学方案,提供适宜的教学方法。

(2)形成性评价。

形成性评价属于过程性评价,是在一个计划或产品(或者是人员)的开发或者是改进过程中进行的,一般是在内部主要由方案的执行人员进行评价。它要求在计划的试行过程的各个阶段不时地收集信息,以便在实施前加以修正,当然也能在实施阶段,检查学生是否有效地掌握某一特定的课程内容或者提出了为达到目标还需进一步学习哪些内容。

（3）总结性评价。

总结性评价，顾名思义就是做出总结的评价，是一种事后评价，可以同时由内部或者是外部一起进行，它比形成性评价更加地吸引外部评价者一起参与其中。它一般是在完成计划后，并在一定的范围内实施后进行。它的评价重点主要放在计划的有效性上。

3.根据评价的基准不同划分

（1）相对评价。

相对评价指的是被评价对象的群体或者集中建立基准，然后把各个对象分别和基准进行对比，来判断群体中每一个成员的水平。为相对评价而进行的测验一般叫作常模参照测验，测验成绩主要表明学生学习水平的相对等级。

（2）绝对评价。

绝对评价是指在被评价对象的集合外建立基准，把群体内的每个成员的某一项指标逐一和基准进行比较，进而判断其优势和不足。为绝对评价而进行的测验一般称作标准参照测验，测验成绩主要表明教学目标分类达标程度。

（3）自身评价。

自身评价是建立在被评价的个体自身上，主要是针对被评价个体的过去和现在进行比较，或者对其若干侧面进行比较。

5.2　数学教育评价过程

5.2.1　设计评价指标

在选择了评价对象后，正确实施教育评价的关键为根据教育目标设计评价指标体系，其直接影响着评价的客观性和有效性。

1.弄清教育目标内容

数学教育目标主要体现为下述两点：一是课程标准中的课程目标；二是考试大纲中的考试要求。

(1)《全日制义务教育数学课程标准(实验稿)》,(以下简称为《标准》)把知识技能目标分成 4 个层级:①了解。可以从具体事例中,知道或能举例说明对象的有关特征;并且能根据对象的特征,从具体的情境中能够识别出这一对象;②理解。能够描述出对象的特征和来源;能够清楚的论述此对象和有关对象两者之间的区别和联系;③掌握。能够在理解的基础上,把对象运用到新的情境中;④灵活运用。能够使用综合知识,合理的选择与运用有关的方法完成特定的数学任务。

(2)把过程性目的分成 3 个层级:①经历。在特定的数学活动中,获得一些初步的经验;②体验。参加特定的数学活动,在具体情境中初步认识对象的特征,获得一些经验;③探索。主动积极地参与特定的数学活动,通过观察、实验、推理等活动发现对象的某些特点或与其他对象的区别联系。

(3)普通高等学校招生全国统一考试数学大纲对知识的要求提出了下面三个层次:第一,了解。要求对所列知识的含义及相关背景有初步的了解,清楚知识内容是什么,而且还能在繁杂的多乱的问题中辨别出它。第二,理解和掌握。要求对所列的知识内容有更加深入的理解,能够解释、推断、举例,并能利用知识解决相关问题。第三,灵活和综合运用。要求系统地掌握知识的内在联系,能运用所列知识分析和解决较为复杂的或综合性的问题。

2. 设计评价指标体系

教育活动总的原则要求是教育目标,其特点是概括性比较强,也比较抽象,在教育评价中很少用这样的教育目的作为根据,因此,应该把教育目标列得更为详细,把数学教育目标分解为多种层次和水平的具体目标,进而变得更加容易测量。我们称这些不同层次的具体教育目标为评价指标,所有评价指标组成一个多层次的指标系统,称为评价指标体系。评价指标体系一般形式,如图所示。

《标准》对第三段空间与图形提出的课程目标体系参见表 5-1。

图   评价指标体系图

表 5-1 《标准》对第三段空间与图形提出的课程目标体系

空间与图形	图形的认识	(1)点、线、面。 (2)角。 (3)相交线与平行线。 (4)三角形。 (5)四边形。 (6)圆。 (7)尺规作图。 (8)视图与投影
	图形与变换	(1)图形的轴对称。 (2)图形的平移。 (3)图形的旋转。 (4)图形的相似
	图形与坐标	(1)认识并能画出直角坐标系;在给定的直角坐标系中,会根据坐标画出点的位置,由点的位置写出它的坐标。 (2)能在方格纸上建立适当的直角坐标系,描述物体的位置。 (3)在同一直角坐标系中,感受图形变换后点的坐标的变换。 (4)灵活运用不同的方式确定物体的位置
	图形与证明	(1)了解证明的含义。 (2)掌握一些基本事实,作为证明的依据。 (3)利用(2)中的基本事实证明一些命题。 (4)通过对欧几里得《集合原本》的介绍,感受几何的演绎体系对数学发展和人类文明的价值

3. 确定指标体系权重

评价的重要环节为确定指标体系权重,权重意味着各个指标在整个指标中的相对位置,反映的是指标与其他各个指标的关系。只有赋予不同指标以相应的权重,才能使评价结果准确地反映评价对象的客观价值。

确定权重的方法有很多种,常用的有专家咨询法、层次分析法和调查统计法等。专家咨询法是通过问卷调查形式,请有经验的教师或专家分别填写,经过汇总、统计和归纳等几轮咨询,使专家们的意见趋于一致,从而取定权重方法。

在对师范生提问技能进行微格教学时,各个指标权重,如表 5-2 所列。

表 5-2　指标权重

具体指标	权重
提问目的明确,紧扣教学目标	0.10
有启发性,能够激发学生思维	0.10
设计问题有层次感,适应不同水平学生	0.12
时间、角度把握得好	0.08
问题表述清晰,语言简洁	0.10
能给学生留有思考时间	0.10
提示、点拨得当,学生能够接受	0.12
设计周密,没有大的欠缺	0.08
能够分析评价回答	0.12
鼓励学生积极回答问题	0.08

5.2.2　评价信息的收集与加工

选择或者制作评价工具,测量评价指标和储存评价资料等各项工作称为收集评价信息。在数学教育评价中,收集评价资料的主要方法是观察法、访谈法、测试法等,相应的评价工具有观察量表、访谈提纲、调查问卷、测试试题(量表)等。

加工评价信息就是对收集的各种信息进行加工处理,其中包括评分、统计以及把下级指标综合成上级指标,把各种渠道或各个评价组的评价结果合成总的评价结果等。

5.2.3　做出评价结论

在加工评价信息的基础上,依据评价标准给予价值判定称为做出评价结论。常用的评价方法有定性分析法和定量分析法。

1. 定性分析法

定性分析法是指根据评价信息对评价对象做出非数量的分析方法,其又分为等级评价法和分析法。

(1)等级评价法。

以评价指标为标准,根据评价信息对评价对象做出等级评价的方法称为等级评价法。等级评价法有下述形式:

两段法(是、非;好、差;及格、不及格);

三段法(好、中、差);

四段法(优、良、中、差);

五段法(优、良、中、差、很差)等。

有些评价采用实分记分制,虽表现为数量方法,实际上是等级法,如 5 分(优)、4 分(良)、3 分(中)、2 分(差)、1 分(很差)。

(2)分析法。

分析法是对各个评价指标分别进行定性评价,最后综合得出定性评价结果的方法。如对 A,B,C,D,E,F6 名学生的数学作业的评价就是分析法,如表 5-3 所列。

表 5-3　评价 A,B,C,D,E,F6 名学生的数学作业

分析评价　　学生　评价指标	A	B	C	D	E	F
格式正确,书写整齐	√	×	√	√	×	×
图形图表正确	√	√	×	×	√	×
计算准确无误	√	√	√	√	×	×
推理合乎逻辑	√	√	√	×	×	×
结题简捷巧妙	√	√	√	√	×	×
作业总体评价	优	良	良	中	差	很差

2. 定量分析法

定量分析法是通过把评价指标量化,运用数学统计和模型的方法对评价对象

以数量进行价值判断的方法,常用定量分析法有百分制法、标准分法和分项评分法。

（1）百分制法。

百分制法运用最为广泛,利用它可以确定个体在整体中的对应位置,但是只是根据分类确定个体知识与能力的差异、或个体自身前后一段时间内的发展变化差异时不科学的。

（2）标准分法。

标准分法,即把原来分数与平均分数的差除以标准差所得到的商。其单位是标准差,试题原始分数离开某平均数的量数。其为一个相对分数,表明了一个原始分数在全体中所处的位置。

标准分有 Z 标准分和 T 标准分。Z 标准分公式为 $Z_i = \dfrac{x_i - \bar{x}}{S}$,其中 Z_i 为第 i 名学生的标准分数,x_i 为第 i 名学生的原始分数,$\bar{x}$ 为原始分数的平均数,S 为原始分数的标准差,即 $S = \sqrt{\dfrac{1}{n} \sum\limits_{i=1}^{n} (x_i - \bar{x})}$ 。

Z 标准分的意义如下:

当 $Z > 0$,原始分数高于全班的平均分;

当 $Z = 0$,原始分数等于全班的平均分;

当 $Z < 0$,原始分数小于全班的平均分。

因为 Z 标准既能够比较同一学生在不同时期的考试成绩,可以评价学习有没有取得进步;也可以比较同一学生不同学科或不同学生不同学科的总成绩,进而在相对评价中找到差异。

T 标准分的计算公式为 $T = 10Z + 50$,其中 T 为 T 分式,Z 为标准分。经过变换后,能够得到 T 值都是正整数。

T 分为如下三种情形:

当 $T > 50$,原始分式高于全班的平均分;

当 $T = 50$,原始分式等于全班的平均分;

当 $T < 50$,原始分式低于全班的平均分。

（3）分项评分法。

写出各项指标的具体要求,并给出每项指标的分数和权重,由评价组对每个评价对象的各项指标分别评分,然后汇总得出评价总分。这种方法叫作分项评分法。

这样的方法在数学教评价和数学学习的评价中具有十分广泛的应用,具体的又分为汇总求和与加权求和两种基本方法。

①加权求和。

设第 i 个指标的权重为 w_i，评价组对这个指标给出的平均分为 $\overline{x_i}$，则评价总分为 $S = \sum\limits_{i=1}^{n} w_i \overline{x_i}$ 。

②汇总求和。

设 $x_i(i=1,2,3,\cdots,n)$ 为评价组对第 i 个指标的评定平均分，则评价分数为 $S = \sum\limits_{i=1}^{n} \overline{x_i}$ 。

分项评分法即使展现出教育评价的多种原因，要比定性评价更为客观，但是指标体系的科学性与合理性掌握起来比较困难。

通过上述介绍可知，定性分析法和定量分析法都有各自的优势，也有各自的不足。因此，人们常把定性评价和定量评价结合起来运用，如新课程改革倡导运用定性分析和定量分析相结合的方法评价学生的数学学习，这也是数学教育评价的一个重要特征。

5.2.4　制定改进措施

当代教育评价注重评价的导向、激励和改进功能。评价最终目的就是要改进教育过程、提高教育质量，从这个角度来分析，做出评价结论不是数学教育评价的终结，而是制定改进措施的开始。在数学教育评价中，要认真分析评价信息和评价结论，找出存在问题，分析问题原因，根据数学教育的各项具体要求，制定改进教学、改进学习的有效措施，在评价和改进的循环过程中不断优化教育过程。

5.3　数学学习评价

5.3.1　数学学习评价的内涵与标准

1. 数学学习评价的内涵

数学学习评价，包括对学生学习行为、学习过程及学习结果的评价。评价学习结果又有两种类型,即目标参照评价以及常模参照评价,主要依据是布卢姆的关于学习的目标体系。布卢姆认为学习结果的目标有三个部分,即认知、动作技能与情感。这三个部分中,认知领域的评价目标为:为了特定的目的对材料和方法的价值做出判断。一是依据内在证据来判断,如逻辑上的准确性、一致性,判断交流内容的准确性;二是依据外部的推测来判断,如通过挑选出来的或回忆出来的准则评价材料。情感领域的价值评价包括价值的接受,对某一价值的偏好、信奉等。我国的数学学习评价以布卢姆的目标分类体系为基础,并对其进行了发展和完善。

《标准》强调在对数学学习进行评价的时候,重视学生的学习结果是必需的,然而学习的过程也是必须要关心的;一定要重视数学学习的水平,也要注重在学习数学的过程中反映的情感、态度和价值观。所以,对学生学习过程的评价是数学课程改革的重要内容之一。

数学学习过程评价又称"过程性评价",指对数学学习各个环节历程的学习行为及其成效的评估。它通过各种方法对学习数学过程中产生的所有的有用的信息进行收集,并分析这些信息,然后得出结论,即数学学习的效果,根据分析结果做出教学调整。

传统的数学学习评价只注重在课程实施之后对课程计划和学习情况进行考察的总结性的评价,具体形式就是考试(书面或口头),并用分数进行量化。其优点是简便易行,也较为客观,易于服人。但对于学生的数学学习过程视而不见,即使学生的数学学习过程中表现出了公认的水平和能力,这种评价也无能为力,因而不利于全面客观评价学生的学习情况和学习效果,存在较明显的局限性,不能很好地发挥评价的激励与促进、反馈与调节的功能。

事实上,影响学生数学发展的很多因素都是在数学学习过程中形成的,如数学知识与技能,数学思维能力,数学思想方法,发现问题、提出问题、解决问题的能力,情感态度与价值观等等。所以把评价纳入学习活动过程中,将评价作为主动学习的一部分,以评价促进学生的数学学习和全面发展是必要的,也是科学的和公平的。传统式的评价是为了检查验收,以一次性的量化结果代替长期的学习历程的评价,忽略了学习过程中的发展变化及很多必然因素的作用,加大了偶然性的因素的作用。对数学学习的评价应将"过程取向的评价"与"主体取向的评价"相结合,充分体现以人为本的思想,综合应用量化评价与质性评价的手段,使学生自己能够了解自身的数学学习历程,体验到自己的成长与进步,充分认识自我。数学学习过程性评价的结果是评分、评语、座谈交流、学习情况反馈单、成长记录袋等的一个综合反映。

2. 数学学习评价标准的探讨

数学学习评价的标准反映了评价者的数学观。在过去,很多人认为数学就是一大堆的概念、原理、公式、定理和算法程序,它们之间具有逻辑上的顺序关系,但是教师可把它们分割开来,逐一地教给学生,学生依次学习掌握了它们也就被认为掌握了数学。次数学观,重单个知识点轻知识点之间联系的倾向比较明显,导致数学学习评价多以考核"惰性"知识为标准,惰性知识是一种支离破碎的知识,其强调的是记忆。20 世纪以来,数学家将数学的内在联系揭示得越来越深刻,越来越多的人认为应将数学看作充满内在联系的具有结构的知识体系,教师要教知识点,更要暴露知识点之间的内在联系。在这样的数学观下,数学学习评价标准更注重对"活性"知识的考查,活性知识是一种具有良好结构的知识。

此外,迄今为止,评价数学学习的方式就是测验或者考试,解题的结果是这种评价方式最重视的,并且得分都是按照步骤严格安排的,因此,教师在进行数学教学时都会特别注重对解题方法、规范步骤、答案准确的教学。在过于追求规范、统一的过程中学生慢慢失去了自己的个性、思想,甚至出现了学生"强于答卷,弱于动手;强于应试,弱于创造"的现象。事实上解决生活中的问题一般有多种思路、多种途径、多种方案,很多时候允许正确答案不止一个。教师要鼓励学生大胆提出自己的想法,拓宽学生的解题思路,开阔他们的学习视野,进而使学生更深入地了解数学,掌握数学的本质。

总之,数学教育改革的内容包括合理改革数学学习评价的标准,实现评价标准的开放性和多元化。教师要做到如下几点:第一,不仅要看每学期几次的笔试成绩,还要看学生平时在课堂上的表现;第二,不仅要看学生掌握的数学知识,更要注意学生在数学知识和方法上的运用能力;第三,不仅要考查局部的知识,还要考查整体的知识及解决问题的方案与能力;第四,要看解决问题的最终结果,同时必须注意问题在解决的过程中,学生获得了怎样的经验,学生取得了怎样的发展。

5.3.2　数学学习评价方法

未来数学评价改革的发展趋势为将评价与教学整合在一起,与教学整合在一起的适当的评价方法将为我们的教学提供很多有用的信息,并反过来促进学生的数学学习。对于传统的考试来说,学生掌握的数学知识与技能更为重要,并不重视学生认识数学、理解数学的能力,也不重视提高学生通过掌握的数学知识解决实际问题的能力以及探索创新的意识。现代的评价理念比较注重多元的评价方式,认为可以将创新的评价方法与考试等传统方法结合使用,这样教师就能从更多的角度关注学生学习。

1.基于任务———表现性评价

在观察学生任务完成的表现的基础上对学生的数学知识与技能、数学兴趣、思维能力和创造能力等进行评价就是基于任务的评价方法.其建立在传统的学生学业成绩测试的批判基础上。学生学业成绩测试是把学生的学业成就从整个教育中、从学生完整的学校生活中、从课程中抽离出来,单独进行评价,仅可考查学生知道什么,不可考查学生能做到什么;仅可考查一般的技能,不可考查 21 世纪所必需的心智技能。然而表现性评价能够解决上述传统考试的评价方法产生的问题,主张评价学生在完成任务的过程中的发展,这种评价方式能够对学生掌握知识技能的程度进行评价,同时还能借助于观察学生做任务时的表现来对学生的实践能力、协作能力和创新能力进行评价。

表现性评价具有以下特征:其一,具有很强的真实性和任务感,以此考查学生对问题的理解,以及解决问题的不同方法和思考方式;其二,体现知识与技能的综合运用;其三,考查学生多方面的表现;其四,鼓励学生找出多种答案,解决问题的方法可能多样;其五,反映学生发展上的差异,通过学生不同层次的表现,好的学生提出创造性问题,解决较难问题,一般学生提出恰当问题,解决与其思维水平相当的问题。

2.课堂观察———即时评价

评价情境越真实,那么评价结果越可信。课堂教学是完整而真实的生活,是师生互动、生生互动学习的真实过程,因而课堂观察摒弃了一些评价主观性较强的劣势,评价结果更容易得到认可。

通过课堂观察来评价学生的发展,不仅能评价学生知识技能的掌握情况,更重要的是通过对学生表现的观察分析,评价学生在实践能力、创新能力、与人合作以及健康的情感、积极的态度、科学的价值观诸多方面有超越传统学业成绩测试的优势。

教师能够根据学生在上课过程中提出问题、回答问题或做练习,明确学生的学习情况,然后再对学生进行鼓励,调整教学方式,帮助学生改正错误,这种评价方式就是即时评价。教师随时随地以语言对学生学习状况进行评价,体现评价的即时性。课堂观察,便于随时总结学生的行为表现,随时调整教师自身的教学,使之最大限度地提高课堂的教学效率。此处强调的是教师在进行数学教学时，要重视学生的课堂表现，并做出反馈，另外，教师也有必要对学生平时上课的表现进行记录，以便在进行期末评价时做到有理有据，进而实现科学的评价。

然而，观察效果直接受到观察者的情绪、态度和水平的影响。观察者鉴别力、洞察力、自身素质，也是对被观察事物有直接影响的要素，所以，评价结果会产生不确定性。此外，若班级规模较大，耗费的时间也会很多，对于评价者来说，其为不利因素。

3. 访谈调查——彰显思维过程的评价

访谈调查法指的是教师根据和学生进行单独的面对面交流，明确学生在解决问题的过程中的思考过程，评价学生的方法。尽管，我们可要求学生写解题过程和理由来获取评价的证据，而一对一的情境和等待的时间可使学生有机会去展示他们所知道的事情，有助于教师更加深入地了解学生是怎样去思考的以及学生的数学理解和发展水平。

4. 成长记录袋——过程学习的评价

成长记录袋的方法是 20 世纪 80 年代中期美国教育实践中出现的一种学业成就评定方法，从语义分析来看，成长记录袋，其英文词义有"代表作选集"之意。最初使用这种形式的是绘画、摄影、建筑设计等专业人士，以他们所提供的作品来评价他们的创作水准。在教育领域运用这种方法，成长记录袋就变成了汇集学生作品的样本，这样做的目的是，第一，学生能够在这个过程中反思自己，并能够明确自己的进步，学生对于成长记录袋中的内容是能够自己进行决定的，在进行作品展示时，学生可以独自估算自己作品的价值与质量，这样就能够明确自己的学习质量以及取得的进步；第二，教师能够从成长记录袋中获取学生学习的相关信息，这样不仅能够让教师有根据地制定学生的目标，便于教师观察学生学习过程与结果，还能够有机结合教学与评价，让评价能够和课程、学生的发展等一致，使评价更加科学有效。

教师对学生进行成长记录袋的建立指导时，要帮助学生收集能够体现学习进步的资料，举例来说，可以是印象最深刻的问题，最满意的作业，最喜爱的小制作，或者是阅读数学读物的体会，平时发现的有意义的数学问题，解决问题的方案和过程，解决问题的反思，活动报告或数学小论文等。还有，成长记录袋也可以按照时间顺序收录学期开始、学期中和学期结束的资料，这样能够体现学生数学进步趋势，让学生学习数学时更有自信。学生要自己选择成长记录袋的材料，在老师的指导下确定选择。值得注意的是，学生建立成长记录袋的过程的重要性丝毫不比收录内容的重要性小，学生建立成长记录袋能够培养他们控制学习的能力及负责任的品质。教师可以要求高年级的学生总结自己掌握的知识和学习方法，并记录下来。一般情况下，一学期的数学内容经常被认为是分离的，是不相关的概念、规则和技能的组合，学生能够根据成长记录袋在一个完整的情境中学习，了解数学知识互相的联系。一个学期，成长记录袋可能包含以下作品：

(1)3 份教师布置的作业；

(2)2 份数学日记；

(3)1 份数学测验；

(4)2 份数学课堂笔记；

(5)1 份个人完成的项目(调查、制作等)；

(6)1 份小组合作完成的项目(调查、设计等)。

学生与教师共同从中选出 4～6 份代表作，最终保留在成长记录袋中。当然成长记录袋的内容应多样化，尽量体现学生在数学方面的个性特点。

应该指出，各个评价方式都是独一无二的，有自己的优势，因此在选择评价方式时要充分考虑学生的学习特点和评价内容。举例来说，教师能够通过课堂观察的方法，在学生学习数学的认真程度，基础知识和基本技能掌握情况，解决问题和合作交流等方面评价学生学习状况。此外，教师也可以通过分析学生的成长记录对学生提出与解决问题的能力进行评价。

另外，这里提供的评价方法是有限的，其操作性和实用性也有待在实践中不断发展，这仅是一个思路，一个线索，鉴于学生数学学习效果的复杂性，评价方法正向日常化、多元化、全面化和综合化的方向发展，既有定性的，又有定量的；既有书面的，又有口头的；既考查结果，又考查过程；既考查基础知识，又考查高层次思维；既考查近期效果，又考查长远效果。

希望通过科学真实的数学学习评价及时地向数学教育决策者、教师、学生和家长反馈教和学的信息，促进每个学生在数学上得到最好的发展。

5.4 数学教学、教材评价

5.4.1 数学教学评价

1. 数学教学评价的内涵

在中国古代,评价活动就用于官员的提升或降职,然而教育评价的历史其实并不长。在 19 世纪末系统的教育评价活动才正式出现在美国,但在这短短的几百年时间里,教育评价的理念变更频繁,评价思想不断推陈出新。从评价思想的发展、管理和考试的组织等方面来看,教育评价经历了不同的时期。相关学者根据自身的判断依据对其进行了划分,提出了不同的见解。

目前来说,比较受人认可的是由美国评价专家古巴(Guba)和林肯(Lincoln)的时期划分,他们将国外教育评价思想的发展历史分为以下四个时期:

(1)第一代评价——测试和测量时期(19 世纪末到 20 世纪 30 年代):这一代的评价观认为,评价从本质上来说就是通过用测验或测量的方式,评判学生对知识储备。

(2)第二代评价——描述时期(20 世纪 30 年代到 50 年代):这一代评价观认为,"描述"即描述教育结果与教育目标相一致的程度,才是教育评价的本质。

(3)第三代评价——判断时期(20 世纪 60 年代到 70 年代):这一代评价观认为,"判断"才是评价的本质。

(4)第四代评价——心理建构时期(20 世纪 80 年代至今):这一代的评价观是由古巴和林肯提出的,它认为评价就是对被评事物赋予相应的价值,其本质应当是一种通过"协商"而形成的"心理建构"。第四代评价对前三代评价进行了继承和批判,例用 assessment 一词代替了 evaluation,这是由于与 evaluation 相比,assessment 是以判定为基础,强调对学生活动全面,多方位的分析。

第四代评价认为评价应当坚持价值多元性的理念,反对管理主义倾向。价值多元性主张在评价过程中要充分听取各方意见,由评价者不断协调各种价值标准间的分歧、缩小彼此间的距离,最终形成公认的一致看法。第四代评价强调在自然的环境中,用质性研究方法,通过各种形式的对话使各方人士达成共识。在此需要指出的是,第四代评价突出了过去作为被评价者——学生在评价过程中的参与身份,使其成为评价的主体。评价者在协调过程中和被评价者进行民主、平等的对话,在这一过程中,评价者充当的角色是条件提供者、中介人和创造者。通过协商达成的共识,是有关各方的共识,评价者只是其中的一个方面。质性研究方法和多元评价技术是第四代评价的基本方法,主要特点是以观察、记录学生完成的作品或任务、口头演说、实验等质性方式进行的。

第一代评价采用标准化和能力测量简单的技能和对信息的回忆,并用一个分数概括地报告结果,但是这种看重结果的定量评价显然是不合理的,不利于学生完整人格的培养。第二代评价则是把教育目标分为情感、认知、动作技能等多个方面,然后描述教育结果和教育目标的一致程度。在评价方式上也增加了问卷、作品、观察等多种方式。第三代评价是第二代评价的延续和补充,它增加了对目标的价值判断以及提出重视教育活动的非预期效应。此时的人们开始关注评价学习的过程,在评价技术上使用了形成性评价。以古巴和林肯观点为代表的第四代评价体系,是对前三代评价进行批判的基础上的建构,主要突出了评价的价值问题,体现了评价的服务意义和人文性,使被评价者成为评价的一个主体。第四代评价要求质性评价和多元评价技能在评价学习者时要更加公正。事实上,第四代评价是对当前评价领域发展趋势的一种概括和总结,是教育评价发展到今天的必然产物。

尽管教育评价包含的范围很广泛:评价的范围由最初单纯对教学的评价发展到对教师、学校等的评价;评价的对象包括教师评价、课程评价、学生评价等,然而衡量学生、教师和学校的主要方面为教学水平,而且课程与教学的实施都是以学生为主体展开的;所以教学评价是教育评价的主体,而教师教学评价与学生学习评价又是评价的主要对象。

对教学评价的认识归纳起来有下面几种:

(1)认为数学教学评价是考试和选拔。这种观点对教学评价的理解十分简单、狭隘,无法真正反映科学评价的实质。

(2)认为教学评价是教育测量。这种观点实际上混淆了两者的本质差异,教育测量只是获取教育过程中各种信息的数量和质量的表现,而教学评价既有量化标准,又有质性分析。

(3)认为教学评价是达标评价。近年来,我国出版发表的众多著作中,有很多都同意这种主张,或者受到这种主张的影响。该评价虽然能够客观反映被评价者完成预定目标的程度,但却忽视了教育过程和挽回"差异"的措施,因此不能反映教育发展的动态过程。

（4）认为教学评价是价值判断过程。这种观点对评价定义的实质做出了准确的描述，阐明了评价概念的特点。目前为止，大多数学者都认同此观点。所以，可认为教学评价就是根据中学教学目标和教学原则的要求，对教学过程中的教学活动以及教学成果给予价值判断的过程。

按照教育评价思想的发展和人们对教学评价的认识，我们可将数学教学评价看作为依据教师教学和学生学习过程中的问题，全面搜集和处理数学教学过程中的信息，继而做出价值判断，改进教育决策的过程，其中包括对教师的"教"与学生的"学"进行评价。评价过程既可了解教学活动各个环节的信息以及判断教学目标的正确性、可行性达到的程度，同样可通过反馈，对教学活动进行控制，对教学目标进行调整。

2. 数学教学评价的基本问题

评价要解决以下几个问题：第一，为什么进行评价；第二，评价什么；第三，如何评价；第四，评价的目的、对象、目标与方式方法的问题。

这是数学教学评价最基本的理论与实践问题。

（1）数学教学评价的对象。

通过上面的论述，我们可知数学教学评价的第一要务是教师评价学生数学学习情况和学生数学能力的发展，所以数学教学评价的主要对象是学生。此外，数学教学评价的另一重要任务是对教师教学的评价。

①学生数学学习评价。

对学生进行评价的目的是：全面考察学生的学习热情，促进他全面发展。因此，对学生的评价，除了要关注学生知识技能的理解掌握外，还要对学生情感态度和价值观的形成与发展进行关注。学生数学评价大体上应包括以下几个方面：

其一，数学基础知识。主要包括一些基本的数学事实性的知识。

其二，数学能力。首先是基于上述基础知识的表达能力、理解能力、应用能力等。另外，还要重视对学生数学交流、表达、与人合作、解决问题等方面能力的评价。

其三，数学学习态度与情感。促进学生的发展（认知和情感）为评价目的。也就是在评价学生时，既要对其的记忆、理解思维能力等认知方面的发展，还要关注其的情感和态度。例如考查学生是否主动参与教学，是否对数学学习感兴趣，是否对数学有关问题充满好奇心，能否积极主动地解决问题等。

②数学课堂教学评价。

数学课堂教学评价主要是为了促进教师和学生的全面发展,通过多种评价方式,可以获得客观、真实的评价信息。评价的目标主要有:

第一,课堂教学目标是否明确适当,是否遵循课程标准和教学大纲的要求,并能够根据实际情况做出合理的调整。

第二,教学目标是否关注学生的全面发展。

第三,教学内容是否围绕教学目标选取,并符合学生的承受能力和发展需求。

第四,教学方法是否遵循教学内容与学生实际需要,并能提高教学效率和学生兴趣。

第五,学生的参与度与参与面是否广泛而深刻。

(2)数学教学评价的功能。

数学教学评价通过促进数学教学过程中学生和教师的发展,提高学生学和教师教的效率,进而确保数学课程的有效实施。数学教学评价的功能主要体现在下述几个方面:

其一,信息反馈功能。信息反馈主要有三个方面的功能:首先,评价本身就是一种信息。如此,信息反馈给教师,教师就有了参考的依据,并了解自己以往的教学效果是否达标,为下一阶段的教学调整做好准备,使教学向着最优化的方向发展;除此之外,教师还可以根据反馈信息,了解学生学习过程中出现了哪些问题,以便及时提供解决方案或解决意见。其次,信息反馈给学生自己,可以使学生了解自己学习上的优缺点以及自己的学习效率,为自我评价提供帮助。最后,家长、学校以及教育主管部门也能从评价中得到反馈信息,它能够联合家长和学校,有针对性地帮助、启发和教育学生,提高教学质量;促进学校和教育部门完善教育政策。

其二,导向功能。导向功能主要是指教学评价能够引导实际的教学活动。数学教学评价也具有这种导向功能,即它能够指引数学教学的办学方向。过去的选拔性评价产生了应试教育,造成了师生思想僵化,教学效果差的恶果,如今提倡促进学生全面发展的评价必将强化素质教育的理念,促进素质教育的发展。

其三,诊断功能。诊断功能就是指教学评价能够揭示并分析教育活动中存在的问题,使人们找到问题出现的原因,进而对教育活动进行补救或改进。数学教学评价诊断功能可帮助学生了解自己的数学学习状况。另外,还能诊断出教师是否有效地改进教学,从而确保数学课程的有效实施。诊断包括两方面内容,于学生来讲,是诊断他/她的学业成就、学习潜能等,为因材施教和人才选拔提供依据;于教师而言,是诊断他/她的态度、教学水平,为人事决策提供依据。

其四,激励功能。激励功能是指被评价者能够从教学评价中正确认识自己的优势和不足,并能够从正反两个方面中受到激励,增强自我发展的主动性和积极性。这是由于数学教学评价为了适应学生的发展水平,多采用创设具体生动的情境和鼓励表扬等积极的评价方式,这样做能够最大限度地培养学生学习数学的兴趣和自信心;至于对教师教学的评价焦点,集中在他能否创设出学生主动参与、积极探究、动手动脑的学习情境,能否通过自己的教学促进学生学习水平的提高。通过上述描述,我们可知无论是身为教师还是身为学生都会在评价中产生压力和动力,事实上每个人都会在这种评价主体多元、评价内容全面、评价方式多样的情况下激励自己,进而调动学生学和教师教的积极性。

其五,反思功能。反思功能就是指教学评价中通过被评价者的主动参与促进被评价者自我反思,从而使其更深刻地发现问题和更有效地改进活动,并提高和发展自己的反思能力。当代教学评价十分注重被评价者的参与程度,并且这些评价会不同程度地对学生产生压力,有助于调动学生的内在动机,使之成为自觉的反思者,认真总结前期行为,思考下一步计划,建立起良好的个人反思和总结习惯。

(3)数学教学评价的方法。

评价方法是解决如何评价的问题。数学教学评价方法的发展与教育评价的发展紧密相关,由上述的介绍可看出,与教育评价方法的发展类似,数学教学评价的方法总体上也经历了由量化评价一统天下到质性评价逐渐受到重视的过程。

①量化评价的方法。

量化评价的方法在 20 世纪 60 年代之前占了主导地位,处于第一代评价和第二代评价时期。量化评价是把事实和价值相分离,强调课程必须严格控制,评价方法主要是对成败、好坏的量化,强调信度、精确度、效度。量化评价认为方法是为了达成目标或事实而采用的技术手段,主要包括观察、调查、实验、统计等,对评价的严密性、客观性、价值中立提出了十分严格的要求,努力得到绝对公正、客观的事实。除此之外,常用资料的形式对课程现象进行说明,多采取逻辑和理性的方法以及线性模式,对投入、实施过程和结果之间的关系进行研究。量化评价的方法便于操作,简单易行,具有具体性、精确性、可验性等特点,对课程评价科学化的进程有推动作用,因此在实践中处于支配地位。

测验作为量化评价的主要方式,其优点如下:

第一,逻辑性强;

第二,标准化和精确化程度较高;

第三,结论也更为客观和科学。

然而,影响制约教学的变量有很多,所建立的量化指标体系也只是考虑有限的几个变量,这就导致了这种量化指标体系的不确定性,影响教学评价的信度,并且它十分排斥对既定教育计划的持续性再开发,容易造成评价与教学之间的差异越来越大。最后,由于它只重视行政管理人员和课程评价者的利益,对教师在工作中遇到的实际问题不予理睬,从而失去了价值的多元性。

②质性评价的方法。

20 世纪 60 年代前,量化评价一直都占据着教学评价的主导地位。直到随着建构主义时期的到来和社会批判思潮的出现,人们开始对量化评价的实际效应提出质疑,逐渐意识到评价不是一个纯技术性的问题,依靠一系列测量所得到的数据并不能对现象及现象背后的原因做出科学合理的解释。在对量化评价进行反思的过程中,质性评价方法的提出为教育教学评价提供了新思路。质性评价方法力图通过自然的调查,全面充分地揭示和描述评价对象的各种特性,以便促进人们对事物的理解。质性评价的意义在于,它强调教学评价既要对对象的行为变化进行观察及评价,又要对这些行为背后所蕴含的深层文化意义进行探究,试图解释行为产生的原因。

数学教学评价的质性评价的方法主要有:观察法、访谈法,成长记录袋等方法。

5.4.2　数学教材评价

1. 教材评价

评价活动是一种特殊的认识活动,是评价主体对评价对象的一种价值判断,是人类对该事物对其自身意义的一种观念性掌握,是对客观事物价值的认定,带有一定程度的主观性。

国内外有研究者指出:"评估意味着三点:收集一整套足够恰当的、有效的和可信的信息;并检查这一整套信息与一整套标准之间的适切程度,这一套标准和实现确定的或中途修正过的目标相符合;目的在于做出一个决定。[①]"

教材评价有多种诠释,但归纳起来主要有以下几种:

(1)第一种观点:教材评价就是衡量教材在实现教育目标过程中的有效程度。

(2)第二种观点:在"教育评价是利用所有可行的评价技术评量教育所期的一

[①]　弗朗索瓦·玛丽·热拉尔,易克萨维耶·罗日叶著;汪凌,周振平译.为了学习的教科书编写、评估、使用[M].上海:华东师范大学出版社,2008.

切效果①"观点基础上,把教材评价当作是对教材的测量和测验。

(3)第三种观点:把斯塔弗尔比姆、科隆巴赫的教育评价定义迁移到教材评价中,得到的结论是:教材评价是收集与提供资料,让决策者从事有效决策的过程。

(4)第四种观点:将教材评价视为评价主体"对教材价值的判定②"。

实际上,教材评价是通过特定方法和途径对教材的有效性、可靠性和使用效果进行分析,再用一定的方式对结果进行总结概括,从而得出对教材的总体认识,对教材的评价并不是单纯"好与坏"的问题,对教材的评价应分成两部分:评价与分析,但是要重在分析。

数学教材具有一般教材的基本特征,同时也具有数学学科教材的特性。对于研究中的数学教材评价主要是对数学教材静态文本的分析,局部着眼于教材的教学使用。目的是帮助教材使用者更好地理解、把握教材,为教与学服务。

2.《课程标准》与教材

数学教材是数学课程标准的物质载体,是数学课程标准的具体化。数学教材教学性地演绎数学课程标准的内容:数学课程标准反映了社会对数学教材的需要,反映了对教材数学知识的逻辑要求,一方面数学课程标准是进行数学教材评价的最基本的标准。数学教学要在"质"和"量"上全面反映课程标准的所有内容要求,包括课程目标以及内容目标;另一方面,数学课程标准也为数学教材的编写提供了广阔的空间,教材是在《标准》基础上的一次再创造、再组织。不同版本的教材可以有不同的特色,表现在不同的教材编写体例、切入角度、呈现方式、内容选择等,可以超越课程标准的要求以凸显自己的特色,这种"超越"体现于教材在满足《标准》基本要求基础上的一个具有特色的、更有利于提高教学效果的创造性过程。

3.教材使用意见收集与整理

以动态教材使用意见收集为基础,对所收集的意见进行分析和整理,总结归纳出教师对教材例题的主要意见和建议,了解教师对教材例题的看法,并提炼进一步需要研究的问题。

(1)教材例题使用意见收集方法与工具。

收集教师对教材例题使用意见的一般流程是:设计教材例题评价问卷;教师根

---

① 瞿葆奎.教育学文集[M].北京:人民教育出版社,1989.

② 丁朝蓬.教材评价的本质、标准及过程[J].课程·教材·教法,2000(9).

据教学经验,填写评价问卷,提出相应的意见;统计问卷结果,整理教师意见,得出相应结论。根据这一程序,尽管也可以得到教师对教材例题的一般意见,却不容易了解教师的判断依据,解释性较差,对教材例题分析和评价的借鉴作用不是很明显。

我们应该注意到,教师在日常教学过程中真正使用例题时,对例题的思考会更加用心和细致,与教学的练习更加紧密。如果可以得到教师基于教学实践的对教材例题的真实感受,那样就可以更加深入地了解教材例题的质量以及它对教师教学带来的影响,对教材分析评价乃至修订而言更具价值,很多在教学过程中产生的感受既是丰富多彩的,又是转瞬而逝的,因此需要及时的记录。为此,本研究考虑采用动态收集信息的方法,由教师边上课边记录。如此一来,教师在完成课本每一小节的教学后,可以及时记录对某一例题的看法、见解和解决的新思路。

考虑到,数学教学的例题向来是贯穿于整个教学过程中,彼此之间互有联系,同时还和教师的讲解、学生的活动融为一体。如果只是收集教师对例题的意见,就很有可能割裂了教师的思想,不利于他们表达自己的意见。因此,考虑采取全面收集、精细分析的策略。在意见收集环节里,面向整套数学课本的全部内容。在意见整理阶段里,从中分离出有关例题的意见。

在日常教学生活中实施的信息收集工作需要持续一年之久。这就要求工具操作要尽量简单易行,否则的话只会额外增加教师的填写压力。与此同时,工具要使得教师能保质保量地填写,有助于分析时提取关键信息。以往使用的工具多是评价量表,给出系列评价指标,再由教师来填写。这种处理方式十分有助于教师聚焦于重要问题,也方便梳理汇总。但是这种评价方式不能提供具体意见的依据以及其他更多的信息,对于分析和改进教材设计提供不了太大的助力;有时还会限制评价视角,无法反映出教师的真实感受。

但若是让教师毫无根据地、自由自在地提供教学使用后的对教材的理解和感受,尽管可以获得更加具体的信息,但由于意见比较繁杂,天南海北,会增加结果提炼的难度,影响结论与建议的适用性。在文献学习、咨询专家后,本研究将使用半开放的表单,为此设计了四个开放性问题,以便在指引教师的思考方向的同时,又不会对教师的思考产生约束作用,是教师在教学过程中,及时、准确地记录下教材使用时的体会、想法、困惑及建议等感受。

（2）教师抽样与数据收集。

在挑选提供教材使用意见的教师时,需要考虑到样本的丰富性、层次性、操作的便利性等综合条件。在上海市某区域内挑选了优秀、中等、薄弱层次的各 3 所,共 9 所学校。对于选中的学校,全校所有数学任课教师均要参加意见收集工作。

整个意见的收集工作是伴随着教师的日常教学同时开展的,教师依照学校的教学进度的安排,上完一节课,填写一节。每位教师都要在课后记录自己在教学过程中使用教材时的心得,每所学校每个年级都要安排一人负责汇总本年级各位老师的意见,并集中填写。

在整个数据收集工作开始前,对教师进行表单填写的相关培训。在刚开始填写时,教师认为教材十分神圣,不敢也不愿指出教材中存在的不足,或者困惑于该提出什么样的问题。随后,经常与填写教师进行交流沟通,意见的收集不在乎意见的准确与否,而在乎是否能够了解教师在教学过程中对例题的思考和意见,以及意见背后的真实想法等。沟通能够减轻教师的心理压力,明确填表的方向,促使教师勇于表达出自己的所思所想,增强获取信息的可信度与有效性。

(3)教材例题的使用意见数据整理。

意见的收集在经历了一年的时间得以完成,所有的表单都被收齐,其中是所有的教学实践中的真实而又有价值的意见。这些意见不仅真实,又具有琐碎零散的特征。教师提出的意见是要采纳的,但是也要讲这些意见进行提炼升华,总结其特点,这就是研究过程中需要重点解决的问题。必须通过运用处理访谈数据的思路和方法,按照设计意见处理工具、逐条分析原始意见、统计意见处理结果的步骤,对数据进行分析整理,才可以解决问题。

①设计意见处理工具。

由众多学科教育专家构成的意见处理小组能够根据初步分析意见、设计初步框架、应用调整框架的步骤,再依照文献研究的结果进行意见处理工具的设计。

第一,初步梳理教师意见,研究文献。寻找与例题特点、应用和作用相关的文献资料,从中总结出分析例题的出发点,比如说例题的作用在于形成思路、新知识运用、练习解题方法、规范解题表达等,例题还具有通用性、示范性、思想性、匹配性、简洁性、启发性等表现特征。研究者与专家合作,对教师提出的意见进行分析,并将有关例题的意见筛选出来,进行分析。这一阶段只对意见的从属范畴,所关注的问题以及表达的重点进行分析,对意见的合理性不做评价。通过研究得知与例题相关的意见主要包括:其一,教师对教材中的例题提出的意见;其二,以平时的教学实践为依据,教师提出的增减、修改例题的意见。

第二,在初步梳理的基础上研究讨论,对意见分析的视角进行总结。最大程度上保留初步确定的分析视角,合并同类视角,另外对于不同视角的关系进行确定,形成结构化的分析维度体系,初步界定各维度与视角的含义。

第三,根据上述体系,再对教师意见进行分析,看这个分析维度体系效果是否良好,然后基于对其的研究讨论进行调整修改,争取能够让每条意见都只能置于一个视角。接着在数次的研究讨论之后,形成一个意见处理框架,它涵盖了科学性和教学性两大维度,共计有 9 个视角(见表 5-4)。

表 5-4　例题意见处理框架

科学性			教学性						
			例题呈现			例题难度		例题数量	
1.表达不清晰	2.逻辑不合理	3.与事实不符	4.示范性不够	5.顺序不恰当	6.情境不合理	7.难度偏小	8.难度偏大	9.删减例题	10.补充例题

科学性涵盖了三个视角,即表达、逻辑、客观。"表达不清晰"就是例题在表述上不明确、出现错误或者是不清楚;"逻辑不合理"就是学生还没学过运用到题干及解答中知识内容。"与事实不符"就是说题目中出现的数据与客观事实存在较大的差异。

教学性体现在三个层面上,即例题呈现、例题难度、例题数量,"示范性不够"指的是例题针对的目标不明确、不太具有典型性,例题没有进行规范解答,不太具有启发性。"顺序不恰当"则是指例题的出现顺序对数学教学产生消极影响,在对例题顺序进行调整后会有利于数学教学良好效果的实现。"情景不合理"指的是例题中存在情境过时、与学生掌握的知识及生活背景不符、编造不合理的状况。

例题难度具有三种情况,即偏大、合适、偏小。一般情况下,教师不会对难度合适的例题提出意见。为此,设计为两个视角。当教师认为例题过于简单时,就是"难度偏小"的情况;"难度偏大"则是指教师认为例题对学生要求太高。

例题的数量也有三种情况,即偏多、合适、偏少。一般情况下,教师不会对数量合适的例题提出意见。所以,教师感觉例题较少时就会"补充例题";而教师认为例题太多时,就会"删减例题"。

②专家分析教材例题意见。

意见处理框架形成之后,和专家合作进行例题意见的分析,总结梳理与例题相关的 239 条意见。要保证最少两位专家进行同一条意见的处理。通过分析可以发现,在处理意见时,专家意见的一致性要达到 90% 以上,才能被视为合理,进而实现进一步的分析。

表 5-5　原始意见梳理表（示例）

章节	内容	科学性	教学性	备注
0101	在对整数概念讲解完毕后,问题 1 后是否可以补充一道关于整数分类的例题		7	练习中已存在
0106	增加用分解素因数法求最大公因数的例题 例:在正整数中,甲数＝3× __A__ ×7,乙数 2×3× __B__ ,甲数和乙数的最大公因数是 21,那么 __A__ 最小可取_____, __B__ 最小可取_____		7	对学习内容深广度加深
0203	例题 2 中涉及求 3、4、9 三个数的最小公倍数,建议在边注做出求解说明			此处可渗透特殊转化为一般的数学思想
0305	利息税相关问题的不合现状		3	数据的时效性

专家提出的各种意见不甚相同,将专家集合起来进行专题讨论,尽最大可能从他们中间实现认识一致。一些和众人理解不同的意见,依遵照多数意见的原则进行处理。

5.5　数学教学案例评价

5.5.1　案例的界定

国内外学者针对案例都进行过界定。国外有学者认为"案例是对真实事件的描写,其中所包括的内容,能引起大家思考和争论的兴趣,且富有启发性。""教学案例描述的是教学实践,它以丰富的叙述形式,向人们展示了一些包含有教师和学生的典型行为、思想、感情在内的故事。"

国内有学者认为,案例就是描述一个包含有疑难问题的实际情境,是一个教育实践过程中的故事,描述的是教学过程中"意料之外,情理之中的事。"具体而言,包括以下几方面的内涵:

（1）案例是与实践相关的。无论案例属于哪一种类型，都离不开特定的事物和情景，也就是说特定事物蕴涵于其中的或为达到分析目的而基于实践而建构的情景。

（2）案例是与行动、意图和教师职业责任相关的。有的时候只用几个句子就可以将一个进退两难的问题情境描述出来。

（3）案例是与教学变量、意义、理论观点的多样性相关的。教学复杂性、不确定性和问题性都包括在了案例之中。案例在记录某种具体情境时，描述的是当前课堂中真实发生的实践情景。因此，案例描述的问题具有具体性和特殊性，需要进行探索和解决。案例是为了突出一个主题而截取的教学行为片段，这些片段蕴涵了一定的教育理论。

随着对案例认识的不断深化，学者们达成了以下几方面的共识：

第一，所有的案例都是事件，但并不是所有的事件都可以成为案例。展示并反映一个事件是案例的必要条件。然而，对于一个事件来说，必须具备以下两个基本条件才能成为案例：第一，在事件中，必须要包含一个或多个疑难问题，此外，解决这些问题的方法也有可能包含在内。也就是说，事件必须包含问题才能称之为案例。第二，事件必须具有典型性，可以引发人们进行多方面的思考，对于同类或类似事件的解决具有借鉴意义和价值。

第二，所有的案例都是故事，但并不是所有的故事都可以成为案例。对于案例而言，肯定会讲述一个故事，且通常来讲，是一个有趣的故事，情节生动，人物个性鲜明。然而，一个故事要想成为案例，以下两个条件是必不可少的：第一，故事具有真实性，成为案例的故事必须是真实的事例。第二，故事情节的完整性，有头有尾，给人以整体感的故事才能成为案例。

第三，所有的案例都是对某一个事例的描述，但并不是所有事例的描述都可成为案例.在叙写案例的过程中，需要注意以下几方面的问题：第一，在描述事例时，要包括有一定的冲突。第二，对事例要具有具体、明确的描述，不要做出抽象化的、概括化的说明。第三，要将故事发生的时间、地点等进行详细说明。第四，教育教学工作的复杂性以及人物的内心世界都要在事例的描述中体现出来。第五，要对故事发生的特定背景予以说明。

5.5.2 案例研究与数学教师的专业成长

新课程理念下，数学课程也出现了变化，为教师创造性的发挥提供了空间，在新课程教学中可以充分体现教师的业务水平、组织才能、创新能力，也要求提升数学教师自身的专业化水平。数学教师专业化水平的提升是一个动态的过程,需要不断学习和发展。在案例研究的过程中,一方面可以为教师对数学教学有关规律的认识和掌握提供帮助,进而有效解决教学过程中出现的真实的问题;另一方面,能够将对教师教学行为进行调整和改建,增加教师的教学经验,对数学教师的专业化发展起到积极的促进作用。

1. 提高教师解决实际问题的能力

在教师研究和解决实际问题能力形成的过程中,数学案例知识发挥着重要的作用。"结合实践的对话"是学习理论最有效的途径之一,学生是在"做中学数学",而教师在深入分析与研究案例的过程中,也是在"做中学教学"。在对案例进行研究时,教师要善于识别存在的问题,了解多种教学因素的特征,进而使教学设计更加自主、科学、生动,进而使教学水平得以提高。这有利于教师个人经验的积累,从而获得在新课程教学情景下的教学经验。

2. 提高教师的反思能力

在对案例中涉及的问题进行讨论的过程中,不仅逐渐形成并提升了教师分析问题的能力,学会了举一反三,而且还形成了反思教学的理念,有利于教师反思能力的形成。一些典型的教学案例是在真实情境的基础上,讨论的内容以一些令人困惑的问题为主,它启发读者,对于同一个数学问题可以从不同的理论视角来进行分析,教师更容易产生共鸣。因此,它有利于教师将案例与亲身的教学体验进行有机结合,并进行理性的反思,在与同行进行互动沟通的过程中,更加全面的认识和掌握数学教学。

3. 提高教师的理论研究水平

教学案例是教学教育理论与教学实践有机结合的中介和纽带,使教师有机会更加深入地了解"实践情景"。新课程认为如果为学生提供的问题具有丰富生活内涵和情境性,那么就会促进学生对知识进行自主的建构。同样的,如果为教师提供的"教学实践情景"具有极大的吸引力,那么也会对教师在数学教学中获得更多新课程理念的感受产生促进作用。案例研究一方面为解决教学问题提供了依据,另一方面,教师可以从中对理论进行学习和研究。对于一个优秀的数学教学案例来说,基于教育学、心理学、课程论和教学论的理论视角深刻反思教学案例的过程和结果是必不可少的,这对于提高教师的理论水平是极其有利的。

4. 有利于新课程理念的达成

目前,随着数学课程改革的不断深入,数学教师的参与能力对于新课程理念的落实和目标的实现会产生直接的影响。一部分教师对于课程改革的理念在理解上不够全面,使得数学教学中出现了部分偏差。这就要求教育专家与一线教师高度重视如何从"理想课程"有效过渡到"实践课程"。以数学教学为基础的典型案例,为广大教师对数学课程标准中提出的理念和内容进行思考和实践提供了机会,这是众所周知的。以案例研究为载体,加之以专家专业引导和教师个人行为反思对于上述问题的解决是极其有利的。

5. 缩短青年教师成长的时间

案例研究可以使教师在相互交流和互动中,分享经验,从而从整体上提升教师的水平。在案例研究过程中,对于数学教学过程中的某一片段、某一局部,教师可以有更加深入的了解,进而提出一些在教学实践中存在的真实问题,并进行反思,进而使青年教师应对新课程理念下教学实践的能力大幅提升。

5.5.3　数学教学案例的评价方式

数学教学案例是完成教学任务的一种手段,是为教学目的服务的。所以,可从以下几方面来衡量趣味性数学案例的质量:

1. 通过学生课堂的表现来权衡数学教学案例的质量

在课堂中,如果数学案例极具趣味性,那么学生就会注意力集中,具有丰富的表情,并积极参与到案例中来。与之相反,如果数学教学案例缺乏趣味性,学生就会注意力涣散、低头不语甚至开始看其他东西,这样的教学案例就需要加以革新,不仅内容要革新,形式也要革新。只有激发起学生的兴趣,学生才会用心聆听、认真思考、积极参与并希望找到问题的答案,反之,学生就会漠然视之。[①]

2. 通过学生考试的成绩来权衡数学教学案例的质量

学生对知识的记忆和掌握程度以及学科体系的完整程度会在考试中客观地反映出来,从而可以看出数学教学案例客观上起到的推进作用。此外,考试本身能够

---

① 张懿.事例教学方法对提高课堂教学效果的重要作用[J].河北广播电视大学学报,2008(1).

激发教师反思数学教学案例,积极促进数学教学案例的进一步发展。

3.通过学生实际运用来权衡数学教学案例的质量

数学是一种思维、习惯和行为,因此,在实践的社会生活中,学生对数学科学性的体验需要数学教学案例发挥指导作用,还要在数学的指导下在生活中进行实践。现实生活是对数学教学案例进行衡量的重要标准。

参考文献

［1］鲍炯萍.谈新课程背景下的数学教学设计［J］.教学月刊：中学版,2007(6).

［2］蔡亲鹏,陈建花.数学教育学［M］.杭州：浙江大学出版社,2008.

［3］柴瑞帅.现代教育技术与高校数学教育的整合分析［J］.教育现代化,2018(3).

［4］陈洪滨.浅析数学教育实习存在问题及应对措施［J］.才智,2013(1).

［5］陈洪峰.数学教学评价体系新探［J］.中学生数理化(教与学),2010(2).

［6］陈敏,吴宝莹.数学教学设计的取向与定位［J］.数学通报,2012,51(8).

［7］代钦,松宫哲夫.数学教育史［M］.北京：北京师范大学出版社,2011.

［8］高志雄.数学学习评价的实践和思考［J］.教育研究与评论(中学教育教学),2011(2).

［9］郭挺.基于多元智能理论的数学教育评价［J］.教育：文摘版,2015(8).

［10］胡典顺.数学经验主义及其对数学教育的启示［J］.数学教育学报,2012(2).

［11］黄国东.浅谈新理念背景下的数学教学设计［J］.时代教育：教育教学版,2008(1).

［12］金治豪.现代教育技术对数学教育的作用［J］.岁月月刊,2011(4).

［13］孔企平.对促进学生发展的数学学习评价方案的探索［J］.湖南教育：C版,2016(7).

［14］蓝昌普.数学教育专业教育实习改革研究［J］.读写算：教育教学研究,2014(5).

［15］李建梅.浅谈数学教育技术应用与教学方法创新［J］.新教育时代电子杂志：教师版,2017(37).

［16］李树臣.数学教学设计应遵循的三个主要原则［J］.中学数学杂志,2016(6).

［17］李伟,邓雄华.试论数学教学设计中的目标分类[J].中学数学杂志,2012
　　（3）.

［18］李祎.基于教学生成的数学教学设计[J].天津师范大学学报（基础教育
　　版）,2006,7(3).

［19］李忠.数学的意义与数学教育的价值[J].课程・教材・教法,2012(1).

［20］刘超,代瑞香,陆书环.数学史与数学教育[M].杭州:浙江大学出版社,
　　2013.

［21］刘慧莹.数学教学论文写作中创造性思维的运用[J].云南教育（小学教
　　师）,2011(3).

［22］刘文丽.数学说课的基本步骤[J].学苑教育,2012(2).

［23］刘耀武.数学教学论导引[M].南京:南京大学出版社,2010.

［24］刘影,程晓亮.数学教学论[M].北京:北京大学出版社,2009.

［25］陆柳役.基于现代教育技术条件下高中数学教育分析[J].课程教育研究:
　　学法教法研究,2015(10).

［26］陆书环,傅海伦.数学教学论[M].北京:科学出版社,2004.

［27］吕增锋.漫谈数学教学论文写作之"灵感"[J].中学数学教学参考旬刊,
　　2016(10).

［28］骆洪才,王晓萍.数学教育论[M].长沙:湖南师范大学出版社,2008.

［29］骆丽晖.数学学习评价促进学生发展[J].师道・教研,2015(1).

［30］马书燮.现代教育技术与数学教学整合的剖析与探究[J].教育与职业,
　　2012(33).

［31］莫忆遐.新课改下数学教育评价之我见[J].数学学习与研究,2010(17).

［32］彭杰.数学学习评价方式[J].数学学习与研究:教研版,2010(7).

［33］綦春霞.初中数学课程教学设计[M].北京:高等教育出版社,2009.

［34］任全红.数学教学设计视角:关注数学思维过程[J].教学与管理,2013
　　（36）.

［35］任子朝,孔凡哲.数学教育评论新论[M].北京:北京师范大学出版社,
　　2010.

［36］施晓莹.信息教育技术与小学数学教育整合的教学模式[J].赤子,2017
　　（17）.

［37］史宁中.数学教育的未来发展[J].数学教学,2014(1).

［38］宋林锋.数学教育实习中存在的问题及其对策[J].数学学习与研究,2014

(15).

[39]孙名符.数学学习评价[M].北京:科学出版社,2008.

[40]孙雪梅,朱维宗,吴波.数学教学设计[M].哈尔滨:哈尔滨工业大学出版社,2014.

[41]涂荣豹,季素月.数学课程与数学论新编[M].南京:江苏教育出版社,2007.

[42]汪晓勤.数学史与数学教育[J].教育研究与评论(中学教育教学),2014(1).

[43]王爱玲,王瑞雁,张雪梅.现代教育技术与数学教育整合的反思[J].新课程学习(中),2012(7).

[44]王琛,王为正.浅谈现代数学教育技术[J].华章,2012(6).

[45]王峰.数学教学中发展性评价的实践与反思[J].考试周刊,2011(69).

[46]王凤英.重视数学教学评价[J].陕西教育(综合版),2010(Z2).

[47]王宽明.数学说课的评价标准[J].教学月刊·中学版:教学参考,2014(6).

[48]王鹏远.数学教育技术的应用与创新研究[M].南宁:广西教育出版社,2010.

[49]王强.论数学教育评价方法与模式[J].课程教育研究,2015(24).

[50]王瑞华.现代教育技术在数学教学中的运用[J].中学教学参考,2012(7).

[51]王薇.实施发展性数学教育评价的策略和方式[J].数学教育学报,2012(5).

[52]谢景力.数学微格教学的认识与实践[J].湖南理工学院学报(自科版),2015(3).

[53]徐晖.数学教育中现代教育技术的研究及应用[J].数学之友,2009(5).

[54]闫德明,黄云鹏.试论中小学数学教师教育技术的内涵[J].数学教育学报,2012(2).

[55]叶立军,方均斌,林永伟.现代数学教学论[M].杭州:浙江大学出版社,2006.

[56]叶雪梅.数学微格教学(第二版)[M].厦门:厦门大学出版社,2010.

[57]殷峰.建构主义与现代教育技术在数学教学中的融合[J].数学教学研究,2004(11).

[58]喻平,徐斌艳.中国数学教育的当代研究[J].数学教育学报,2011(6).

[59]喻平.数学教育论文写作及案例分析[J].中学数学教学参考,2005(7).

[60]曾令滨.小学数学教学论文写作"四突破"[J].亚太教育,2016(5).

[61]张楚廷.数学·数学史·数学教育[J].课程·教材·教法,2012(6).

[62]张奠宙,于波.数学教育的"中国道路"[M].上海:上海教育出版社,2013.

[63]张奠宙.建设中国特色的数学教育理论[J].数学通报,2010,49(1).

[64]张奠宙.数学教育的中国道路[J].中国教育科学,2014(4).

[65]张景中,彭翕成.数学教育技术[M].北京:高等教育出版社,2009.

[66]张景中.从数学教育到教育数学[M].武汉:湖北科学技术出版社,2016.

[67]张昆,张乃达.数学教学设计心理取向的实践探索[J].中学数学,2015
(18).

[68]张磊.发展性数学教育评价的实施策略探究[J].教学与管理,2016(18).

[69]张钦.基于建模思想的小学数学教学设计研究[D].淮北师范大学,2015.

[70]张庆强.新课标下数学说课的结构与模式[J].新课程(下),2012(2).

[71]张然然.数学微格教学的现状分析与对策[J].广东第二师范学院学报,
2013,33(3).

[72]张晓贵.现代数学教育技术与数学教育[M].北京:中国科学技术出版
社,2005.

[73]张瑜萍,林诗游,李丽.数学微格教学导入技能初探及运用[J].海南广播
电视大学学报,2014,15(1).

[74]章勤琼.数学教育价值取向之辩[J].数学教育学报,2010,19(5).

[75]郑毓信.数学教育的误区与盲点[J].人民教育,2011(Z1).

[76]支乾锋.数学教育评价的多元化认识[J].数学之友,2012(3).

[77]周学耘.数学说课的理性思考[J].河北职业教育,2011,07(10).

[78]周益峰.在慕课影响下的数学教学设计[J].科技视界,2015(11).

[79]朱先东.基于整体思想的数学教学设计[J].中学数学教学参考旬刊,2012
(4).

[80]朱友涵.数学教学设计中的任务分析[J].教学与管理,2007(32).